ORACIONES QUE DERROTAN A LOS DEMONIOS

JOHN ECKHARDT

CASA CREACIÓN

Para vivir la Palabra

Para vivir la Palabra

MANTÉNGANSE ALERTA;
PERMANEZCAN FIRMES EN LA FE;
SEAN VALIENTES Y FUERTES.
—1 CORINTIOS 16:13 (NVI)

Oraciones que derrotan a los demonios por John Eckhardt
Publicado por Casa Creación
Miami, Florida
www.casacreacion.com
©2009, 2020 Derechos reservados

Library of Congress Control Number: 2008938791
ISBN: 978-1-59979-439-6
E-ISBN: 978-1-59979-571-3

Desarrollo editorial: *Grupo Nivel Uno, Inc.*
Diseño interior: *Grupo Nivel Uno, Inc.*

Publicado originalmente en inglés bajo el título:
    Prayers That Rout Demons
    por Charisma Media Company
    © 2008 by John Eckhardt
    Todos los derechos reservados.

Nota de la editorial: Aunque el autor hizo todo lo posible por proveer teléfonos y páginas de Internet correctas al momento de la publicación de este libro, ni la editorial ni el autor se responsabilizan por errores o cambios que puedan surgir luego de haberse publicado.

Impreso en Colombia

24 25 26 27 28 LBS 9 8 7 6 5 4 3 2

ÍNDICE

SECCIÓN III
CONFRONTE LAS TÁCTICAS DEL ENEMIGO

SECCIÓN IV
DESTRUYA LAS FUERZAS DEL ENEMIGO

SECCIÓN V
EXPERIMENTE LIBERACIÓN Y DERRAMAMIENTO

PRÓLOGO

Primero, quiero agradecer a nuestro Señor y Salvador Jesucristo por haber dado al apóstol John Eckhardt tanta osadía y amor por su pueblo. En los años en que he conocido al apóstol Eckhardt, me he dado cuenta de que es un hombre que ama a Dios y a su pueblo, ha sido fiel al Señor, a su familia y al ministerio, y he observado cómo ha añadido a la revelación de la Palabra de Dios y al conocimiento de la liberación. El apóstol Eckhardt nunca ha hecho concesiones ni ha tenido miedo de predicar la verdad aun cuando otros pastores no mencionen estos temas por miedo a perder miembros en sus iglesias o dinero, ya que su interés es que el pueblo de Dios sea libre.

Durante varios años, muchas personas me han dicho que el apóstol Eckhardt los ha ayudado en muchas áreas de sus vidas, hay muchos testimonios en Estados Unidos y en todo el mundo sobre personas que están siendo liberadas a través de su ministerio. Él ha escrito varios libros y ha grabado numerosas cintas y discos que han ayudado a las personas a ser libres de situaciones aparentemente sin solución. Personalmente, puedo decir que el ministerio del apóstol Eckhardt ha sido una bendición para mí.

El apóstol Eckhardt tiene una unción especial, además de sabiduría, que le ha permitido reunir tantas oraciones de guerra con el objeto de ilustrar y armar al Cuerpo de Cristo. El impacto de este libro es poderoso y es un hecho que lo ayudará en cualquier área de su vida. A veces, la gente está atada por maldiciones o hechicería y no sabe cómo ser libre, y dado que la mayoría de los cristianos no son conscientes de las maldiciones que afectan sus vidas, el libro del apóstol Eckhardt las revela junto con la manera de romperlas y de atar al enemigo. Este libro le brindará oraciones para romper toda fortaleza demoníaca en su vida, y, al leerlas, será liberado de la hechicería, las maldiciones y la idolatría mediante el poder de Dios para también recibir sanidad en su vida. Este libro trata de los recursos a su disposición para derrocar los poderes de las tinieblas y de los principados, así como para romper las maldiciones tanto en su nación como en su tierra. De la misma forma, esas oraciones llegarán a las zonas oscuras de su vida, con el fin de que Dios pueda usarlo de maneras cada vez mayores. Después de romper la maldición, el apóstol Eckhardt le enseñará cómo hacer que se derramen bendiciones sobre usted y su familia. Si alguna vez ha deseado el fuego de Dios en su vida, este libro le enseñará cómo liberar el fuego del Dios vivo para predicar, profetizar, sanar a los enfermos y echar fuera demonios.

Este libro es lectura obligada para todo creyente.

—Ruth Brown
Autora de *Destroying the Works of Witchcraft Through Fasting & Prayer*
(*Destruya las obras de la hechicería a través del ayuno y la oración*)

INTRODUCCIÓN

ORACIONES PARA DESTRUIR *demonios* combina la oración y la confesión de la Palabra de Dios para penetrar toda oposición demoníaca. Orar y confesar la Palabra son dos de las armas más poderosas que están en manos de los creyentes y usted podrá ser testigo de un gran derramamiento del poder de Dios cuando combine ambas.

Comencé a escribir estas oraciones mientras estudiaba la Palabra de Dios. El Espíritu Santo me reveló muchas partes de la escritura que debían ser desatadas mediante la oración. Así comencé a ver claramente el plan de Dios para los creyentes y la manera en que el enemigo quería detener ese plan. El Señor me enseñó la importancia de orar con la Palabra de Dios para vencer la resistencia espiritual hacia el plan de Dios para mi vida.

Estas oraciones se han fraguado durante varios años y nacieron de la guerra y la liberación espirituales; provienen de años de experiencia en el ministerio hacia personas y naciones. El Espíritu Santo me ha ayudado a entender muchas partes de las Escrituras así como la manera de usarlas en oración.

Se presentan referencias bíblicas para la mayor parte de las oraciones contenidas en este libro. Basamos nuestras oraciones en la Palabra, pues la Palabra de Dios lo inspirará a orar, y las promesas de Dios lo motivarán a ello. Dios nos ha dado muchas preciosas y grandísimas promesas que heredamos a través de la fe (Hebreos 6:12).

Hay muchos creyentes a quienes se les dificulta orar, muchos dicen que no saben cómo hacerlo, algunos se han sentido desanimados en la oración. Este libro lo ayudará a aprender cómo orar con revelación y autoridad, estas oraciones están diseñadas para dar fruto. Hemos recibido muchos testimonios de personas que entran a un nuevo nivel dentro de sus vidas de oración mediante el uso de estas oraciones escritas, que tienen el propósito de ser sencillas a la vez que poderosas.

Hay muchos tipos diferentes de oraciones en este libro, y como se nos dice que oremos "con toda oración y súplica" (Efesios 6:17), estas oraciones expandirán su capacidad de orar. Usted orará de maneras diferentes a las que acostumbra, lo cual lo ayudará a superar las limitaciones de su vida de oración actual.

La oración es una de las maneras en las que desatamos la voluntad de Dios en la tierra. Debemos estudiar la Palabra de Dios para saber cuál es su voluntad, por esto, la oración y la Palabra deben estar combinadas. Daniel pudo orar efectivamente porque conocía la palabra de Dios con relación a su pueblo (Daniel 9:2–3).

Debemos orar con entendimiento (1 Corintios 14:15), pues el entendimiento de la voluntad de Dios nos ayudará a orar correctamente. La Palabra de Dios es su voluntad y debemos entenderla para no ser insensatos, sino entendidos (Efesios 5:17). La oración también nos ayuda a caminar con perfección y plenitud en toda la voluntad de Dios (Colosenses 4:12).

En la lengua está el poder de la vida y de la muerte (Proverbios 18:21), las palabras adecuadas son eficaces (Job 6:25). Las palabras que decimos son espíritu y vida (Juan 6:63), pero podemos quedar enredados en las palabras que salen de nuestra boca. Tenemos que articular los pensamientos que vienen de Dios al orar y confesar su Palabra (Isaías 55:8). La Palabra de Dios desatada a través de nuestra boca hará que su poder se manifieste en nuestras vidas.

Las palabras son útiles para transmitir nuestros pensamientos y las palabras de Dios son los pensamientos de Dios; la mente de Dios se manifiesta cuando oramos y confesamos su Palabra. Los pensamientos de Dios son de paz y de prosperidad (Jeremías 29:11), pensamientos que están ideados para llevarnos al fin que esperamos.

Jesús nos enseñó que nuestra fe se manifiesta mediante nuestras palabras, mismas que si están llenas de fe pueden mover montañas (Marcos 11:23). No hay nada imposible para quienes creen. Nuestra fe es una llave para ver milagros y para observar grandes logros de una manera constante. Recibiremos lo que sea que pidamos en oración, si creemos (Mateo 21:22).

La Palabra de Dios está cerca de nosotros, en nuestra boca y en nuestro corazón, es la Palabra de fe (Romanos 10:8). La boca y el corazón tienen un vínculo pues hablamos de la abundancia de nuestro corazón y la Palabra de Dios en nuestro corazón saldrá por la boca. La fe que hay en el corazón se manifestará a través de la boca. Dios procura que su Palabra se lleve a cabo (Jeremías 1:12).

Se nos exhorta a clamar al Señor y Él nos ha prometido mostrarnos cosas grandes y poderosas (Jeremías 33:3). El Señor se deleita en responder nuestras oraciones y antes de que clamemos, Él responderá (Isaías 65:24). Los oídos del Señor están atentos a las oraciones de los justos (1 Pedro 3:12) y las oraciones de los justos pueden mucho (Santiago 5:16). También se nos dice que oremos sin cesar (1 Tesalonicenses 5:17).

Nuestro Dios escucha las oraciones y toda carne debe dirigirse a Él en oración (Salmo 65:2). Este libro está dirigido a creyentes de todas las naciones, pues todos los creyentes enfrentan desafíos similares que deben vencer. Dios no hace acepción de personas, Él está cerca de todos los que claman a Él (Salmo 145:19).

Clamar al Señor trae salvación y liberación de nuestros enemigos (Salmo 18:3) y esto siempre ha sido una clave para la liberación. Usted puede orar para liberarse a sí mismo de cualquier situación adversa, pues el Señor es su ayudador y no rechazará su oración (Salmo 66:20) ni tampoco la despreciará (Salmo 102:17) porque Dios se deleita en la oración de los justos (Proverbios 15:8).

Hemos recibido las llaves del Reino (Mateo 16:19) con lo cual tenemos la autoridad de atar y desatar. *Atar* significa restringir, detener, obstaculizar, apresar, poner en jaque, contener, parar, poner un alto, y *desatar* significa desamarrar, desanudar, desencadenar, rescatar, soltar, perdonar o liberar. Las llaves representan la autoridad para cerrar (atar) o abrir (desatar). La oración y la confesión son dos de las maneras en las que utilizamos esta autoridad para atar las obras de las tinieblas entre las cuales están el malestar, la enfermedad, el dolor, la hechicería, la pobreza, la muerte, la destrucción, la confusión, la derrota y el desánimo. Podemos soltarnos nosotros mismos y a los demás de las obras de la oscuridad lo cual tendrá como resultado una mayor libertad y prosperidad.

Atar y desatar nos ayudará en el área de la liberación para poder soltarnos de muchas situaciones mediante el uso de nuestra autoridad, también podemos liberar a otras personas si oramos estas oraciones. Jesús vino a destruir las obras del diablo y vino para que pudiéramos tener vida en abundancia.

Los creyentes deben saber obrar con la misma autoridad y poder que Jesús le dio a sus discípulos sobre todos los demonios (Mateo 10:1). Estamos sentados con Cristo en los lugares celestiales muy por encima de todo principado y potestad (Efesios 1:20; 2:6). Los creyentes pueden utilizar esta autoridad al confesarla y orar. Tenemos la autoridad para hollar serpientes y escorpiones (Lucas 10:19) y Jesús nos prometió que nada nos haría daño. Muchos creyentes sufren innecesariamente porque no logran ejercer su autoridad.

Estas oraciones están destinadas a los creyentes que aborrecen las obras de las tinieblas (Salmo 139:21), ¿Usted aborrece todo camino de mentira (Salmo 119:104)? ¿Quiere ver cambios en su iglesia, su región y su nación? Usted es un rey con el poder de cambiar las regiones geográficas (Eclesiastés 8:4). El temor a Dios es aborrecer el mal (Proverbios 8:13).

Las oraciones contenidas en este libro están ideadas para demoler fortalezas. La Palabra de Dios es como un martillo que rompe la piedra en pedazos (Jeremías 23:29). Necesitamos oraciones poderosas para destruir las fortalezas, oraciones para quienes deseen ver grandes progresos en sus vidas personales a la vez que en sus ciudades, sus regiones y sus naciones. Con el paso de los años se han escrito varios libros sobre oración, pero creo que el presente es único en su sencillez y revelación.

Satanás fue derrotado en la cruz, los principados y potestades han sido despojados (Colosenses 2:15) y nosotros hacemos valer esa victoria mediante nuestras oraciones, estamos ejecutando la sentencia escrita. Este honor le ha sido dado a todos sus santos quienes han poseído el Reino (Daniel 7:18), lo cual significa que tenemos autoridad junto con el Rey para hacer crecer el Reino de Cristo sobre las naciones.

David fue un rey que comprendía el papel de la oración para la victoria; él venció a sus enemigos en muchas ocasiones porque oraba pidiendo su derrota y Dios le respondió. Nosotros podemos tener los mismos resultados sobre nuestros enemigos espirituales. Nuestra lucha no es contra carne y sangre; nosotros debemos vencer principados y potestades con la armadura de Dios, debemos tomar la espada del Espíritu y orar con toda oración (Efesios 6:12–18).

Las oraciones de David terminan en el Salmo 72:20, el cual culmina pidiendo que toda la tierra sea llena con la gloria de Dios. Y ese es el objetivo de la oración, creemos que la tierra será llena con el conocimiento de la gloria del Señor como las aguas cubren el mar (Habacuc 2:14); esa es nuestra meta. Seguiremos orando para que se cumpla esta promesa y veremos el crecimiento del Reino de Dios y la destrucción de los poderes de las tinieblas mediante nuestras oraciones. El avivamiento y la gloria están en aumento, y nuestras oraciones son como gasolina para el fuego.

SECCIÓN 1

CONÉCTESE CON LA
FUENTE DE PODER

NUESTRA FUENTE DE poder es el Espíritu Santo y la pala-bra de Dios. Nos edificamos en la fe cuando confesamos la Palabra de Dios y estamos más confiados cuando la entende-mos y caminamos en su revelación. La oración nos conecta a la fuente de poder, nos conecta a Dios y permite que su poder fluya hacia nosotros en toda situación.

La salvación es la base de la guerra, el nuevo nacimiento es una necesidad, pero, además, el creyente necesita estar lleno del Espíritu Santo. ¿Usted ha nacido de nuevo? ¿Sabe que es salvo más allá de toda duda? Los creyentes deben llevar vidas santas sometidas al Espíritu Santo, se nos ordena caminar en el Espí-ritu porque así tendremos asegurada la victoria y lograremos grandes avances para los demás; podemos castigar toda desobe-diencia cuando nuestra obediencia sea completa. Jesús echó fue-ra demonios a través del Espíritu Santo y el Espíritu Santo fue la fuente de su poder y su sabiduría.

Esta sección de oraciones nos enseñará cómo conectarnos a la fuente de poder (El Espíritu Santo y la Palabra de Dios); sin embargo, no son para personas religiosas, pues no son rezos que se vuelvan efectivos simplemente por recitarlos. Estas ora-ciones son para creyentes nacidos de nuevo que deseen ver cre-cer el Reino de Dios.

Se nos dice que nos fortalezcamos en el Señor y en el poder de su fuerza (Efesios 6:10), debemos caminar y luchar con su fuerza, lo cual requiere humildad y una dependencia total en el

Señor, no podemos confiar en nuestra propia fuerza, no podemos permitir que el orgullo abra la puerta a la destrucción.

El Señor es un hombre de guerra (Éxodo 15:3) que peleará nuestras batallas, y de cuyo poder, dirección, Palabra y Espíritu dependemos, por ello, no puedo dejar de recalcar lo necesaria que es la humildad, pues Dios da gracia a los humildes.

El Señor es la fuerza de mi vida, lo cual me da la capacidad de vencer al miedo; en Él pondré mi confianza. Lo anterior fue la clave de las victorias de David, un rey que sabía como depender del Señor, gracias a lo cual ganó muchas batallas y venció a todos sus enemigos.

El Señor le enseñó a David cómo librar la guerra (Salmo 144:1) y de la misma manera Él le enseñará a usted a pelear, pero debe depender de Él. Las oraciones y estrategias contenidas en este libro son producto de años de lucha y confianza en Dios. Dios nos enseñó como hacer la guerra usando su Palabra, y el Espíritu Santo abrió nuestros ojos a grandes verdades, pero aún estamos aprendiendo.

Dios fue la fuente de poder de David, quien confesó que el Señor era su fuerza. David fue un hombre de oración y alabanza que disfrutaba la presencia de Dios y su presencia fue la fuente del gozo y la fortaleza del rey cuyos cantos fueron armas proféticas poderosas en contra del enemigo. No hay sustituto para una vida de alabanza y adoración, todo creyente debe pertenecer a una iglesia que sea fuerte en este terreno.

Hay muchos grandes guerreros que están siendo entrenados en la escuela del Espíritu Santo, son personas humildes que tuvieron que depender de Dios para lograr avances en sus vidas y quienes aprendieron a través de la experiencia y, a veces, a través del fracaso. Si clamamos a Él, al igual que estos grandes guerreros de Dios, Él nos mostrará cosas grandes y poderosas.

La Palabra de Dios es la espada del Espíritu, y las espadas se utilizan en la guerra. El Señor le enseñará a usar esta espada, misma que deberá emplear contra los enemigos espirituales de su alma. Usted podrá ver grandes victorias si la emplea correctamente. La mayor parte de las oraciones en este libro tienen referencias bíblicas, lo animo a que busque los versículos y medite en ellos. La Palabra de Dios es nuestra fuente de sabiduría: nosotros obramos en la sabiduría de Dios para vencer el poder del infierno.

Confesar la Palabra de Dios es una parte importante de la vida espiritual de cada creyente; de hecho, al cristianismo se le llama *la gran confesión*. La salvación viene al confesar con la boca y la boca está vinculada al corazón. La Palabra de Dios emitida con su boca quedará sembrada en su corazón. La fe se hace patente desde la boca y la boca solamente habla lo que hay en el corazón y esta fe del corazón que se emite a través de la boca puede mover montañas.

Dios es la fuente de todas nuestras victorias y logros, es la fuente de nuestra sabiduría y nuestras estrategias y su Palabra es la fuente de nuestro entendimiento de la guerra en la que nos encontramos. Nuestra guerra se origina en los cielos, nosotros atamos lo que ya ha sido atado en los cielos y desatamos lo que ya ha sido desatado en los cielos.

Dios nos ha iluminado con respecto a muchos pasajes bíblicos durante los años en que hemos estado involucrados en la liberación y la guerra espiritual, y dichas porciones de la escritura han sido invaluables para poder experimentar avances importantes. La Palabra de Dios es un cofre del tesoro lleno de sabiduría y conocimiento; contiene una revelación abundante para todos los creyentes. Todo el que desee disfrutar de la libertad y la victoria debe estudiar la Palabra de Dios y pedir revelación.

Uno de mis grupos favoritos de oraciones que se encuentran en esta sección son las llamadas "oraciones para pedir revelación". Cuando comencé a orarlas, los resultados fueron dramáticos, comencé a ver verdades en la Palabra de Dios que nunca antes había visto. La revelación es la clave de la autoridad. Pedro recibió las llaves del Reino después de recibir la revelación de que Jesús era el Cristo (Mateo 16:16).

Dios ha prometido que nos gozaremos en la casa de oración (Isaías 56:7); la casa de Dios es llamada *casa de oración* para todas las naciones. Creo que no solamente debemos orar, sino también disfrutar de la oración. El gozo del Señor es nuestra fuerza y la oración debe dar como fruto milagros y bendiciones abundantes. Quienes disfruten los resultados de la oración disfrutarán de una vida emocionante.

CONFESIONES

Ningún arma forjada contra mi prosperará, y condenaré toda lengua que se levante contra mí en juicio (Isaías 54:17).

Con justicia seré adornado; estaré lejos de la opresión (Isaías 54:14).

Porque las armas de nuestra milicia no son carnales, sino poderosas en Dios para la destrucción de fortalezas (2 Corintios 10:4).

Tomo el escudo de la fe y apago todos los dardos de fuego del maligno (Efesios 6:16).

Tomo la espada del Espíritu, que es la Palabra de Dios y la uso en contra del enemigo (Efesios 6:17).

Fui redimido de la maldición de la ley, soy redimido de la enfermedad, soy redimido de la muerte espiritual (Gálatas 3:13).

Venceré sobre todo porque mayor es Él que está en mí que el que está en el mundo (1 Juan 4:4).

Estoy firme, ceñidos mis lomos con la verdad, y vestido con la coraza de justicia, y calzado los pies con el calzado del evangelio de la paz. Tomo el escudo de la fe. Y tomo el yelmo de la salvación, y la espada del Espíritu, que es la palabra de Dios (Efesios 6:14–17).

Soy libre de la potestad de las tinieblas, y trasladado al Reino de su amado Hijo (Colosenses 1:13).

Tengo potestad de hollar serpientes y escorpiones, y sobre toda fuerza del enemigo, y nada me dañará (Lucas 10:19).

No he recibido espíritu de cobardía, sino de poder, de amor y de dominio propio (2 Timoteo 1:7).

Soy bendito con toda bendición espiritual en los lugares celestiales en Cristo (Efesios 1:3).

Fui curado por las llagas de Jesús (Isaías 53:5).

Mi mano está en el cuello de mis enemigos (Génesis 49:8).

Unges mi cabeza con aceite, mi copa está rebosando. El bien y la misericordia me seguirán todos los días de mi vida (Salmo 23:5–6).

He sido ungido para predicar, enseñar, sanar y echar fuera demonios.

Recibo la abundancia de la gracia y del don de la justicia y reino en vida por Cristo Jesús (Romanos 5:17).

Tengo vida y la tengo en abundancia (Juan 10:10).

Camino en luz, como Él está en luz y la sangre de Jesucristo su Hijo nos limpia de todo pecado (1 Juan 1:7).

Soy la justicia de Dios en Cristo (2 Corintios 5:21).

Soy cabeza y no cola (Deuteronomio 28:13).

Declararé una cosa y será firme en mi vida (Job 22:28).

Tengo gracia para con Dios y los hombres (Lucas 2:52).

Bienes y riquezas hay en mi casa, y mi justicia permanece para siempre (Salmo 112:3).

Seré saciado de larga vida, y Dios me mostrará su salvación (Salmo 91:16).

Habito bajo el abrigo del Altísimo y vivo a la sombra del Omnipotente (Salmo 91:1).

No me sobrevendrá mal ni plaga tocará mi morada (91:10).

Todos mis hijos serán enseñados por Jehová y se multiplicará la paz de mis hijos (Isaías 54:13).

Soy fortalecido en el hombre interior
por su Espíritu (Efesios 3:16).

Estoy cimentado y arraigado en amor (Efesios 3:17).

Bendigo a mis enemigos de carne y hueso y
venzo el mal con el bien (Mateo 5:44).

ORACIONES PARA PEDIR BENDICIÓN Y FAVOR

Señor, bendíceme y guárdame, haz resplandecer tu
rostro sobre mí y ten de mí misericordia, alza sobre
mí tu rostro y dame paz (Números 6:24–26).

Hazme como a Efraín y a Manasés (Génesis 48:20).

Sáciame de favores y lléname de la bendición
del Señor (Deuteronomio 33:23).

Dios, derrama tus bendiciones sobre mi vida.

Revélame y bendíceme (Mateo 16:17).

Soy la semilla de Abraham por medio de Jesucristo
y recibo la bendición de Abraham. Señor, bendíceme
con esa bendición y multiplícame como las
estrellas del cielo o como la arena del mar.

Haz descender tus lluvias de bendición
sobre mi vida (Ezequiel 34:26).

Transforma cualquier maldición pronunciada en
mi contra, en bendición (Nehemías 13:2).

Que tu bendición me enriquezca
(Proverbios 10:22).

Que todas las naciones me llamen
bienaventurado (Malaquías 3:12).

Que todas las generaciones me llamen
bienaventurado (Lucas 1:48).

Soy hijo del Bendito (Marcos 14:61).

Vivo en el Reino del Bendito (Marcos 11:10).

Mis pecados son perdonados y soy
bienaventurado (Romanos 4:7).

Señor, todos los días me colmas con
beneficios (Salmo 68:19).

Soy escogido de Dios y soy bendecido (Salmo 65:4).

Mi simiente es bendita (Salmo 37:26).

Dame por heredad la tierra (Salmo 37:22).

Soy parte de una nación santa, y soy
bendecido (Salmo 33:12).

Dios, bendice mi final más que mi principio (Job 42:12).

Señor que tu presencia bendiga mi vida (2 Samuel 6:11).

Bebo de la copa de la bendición (1 Corintios 10:16).

Señor bendíceme y haz resplandecer tu rostro sobre mí,
para que sea conocido en la tierra tu camino, y tu salvación
sobre todas las naciones. Que aumenten los frutos de mi
tierra y que los confines de la tierra te teman (Salmo 67).

Sé que me favoreces porque mis enemigos no
han triunfado sobre mí (Salmo 41:11).

Señor, favorece mi tierra (Salmo 85:1).

Señor, dame vida y favor (Job 10:12).

En tu favor, Señor, haz que mi montaña
permanezca firme (Salmo 30:7).

Señor, imploro tu favor (Salmo 45:12).

Con tu buena voluntad acrecienta
nuestro poder (Salmo 89:17).

Señor, ha llegado mi tiempo de misericordia (Salmo 102:13).

Recuérdame, oh Señor, con el favor que das a tus
hijos y visítame con tu salvación (Salmo 106:4).

Suplico tu misericordia de todo corazón (Salmo 119:58).

Que tu favor esté sobre mi vida como nube
de lluvia tardía (Proverbios 16:15).

Que tu belleza sea sobre mi vida y
lléname de favor (Génesis 29:17).

Soy muy favorecido (Lucas 1:28).

Señor, concédeme un favor extraordinario.

Oraciones para recibir revelación

Eres el Dios que revela los secretos, Señor,
revélame tus secretos (Daniel 2:28).

Revélame lo secreto y lo profundo (Daniel 2:22).

Permíteme entender secretos mantenidos desde
la fundación del mundo (Mateo 13:35).

Que se rompan los sellos de tu Palabra (Daniel 12:9).

Déjame entender y recibir revelación de tu
voluntad y tu propósito para mi vida.

Dame el espíritu de sabiduría y revelación y que sean
abiertos los ojos de mi entendimiento (Efesios 1:17).

Déjame entender las cosas celestiales (Juan 3:12).

Abre mis ojos para atestiguar las maravillas
de tu Palabra (Salmo 119:18).

Permíteme conocer y entender los
misterios del Reino (Marcos 4:11).

Déjame hablar revelación a otros (1 Corintios 14:6).

Revela tus secretos a tus siervos los profetas (Amós 3:7).

Que lo oculto se haga manifiesto (Marcos 4:22).

Esconde tus verdades de los sabios y entendidos
y revélalas a los niños (Mateo 11:25).

Que tu brazo se revele en mi vida (Juan 12:38).

Revélame lo que me pertenece (Deuteronomio 29:29).

Que tu Palabra me sea revelada (1 Samuel 3:7).

Que tu gloria se revele en mi vida (Isaías 40:5).

Que tu justicia se revele en mi vida (Isaías 56:1).

Permite que reciba visiones y revelaciones
del Señor (2 Corintios 12:1).

Dame revelaciones en abundancia (2 Corintios 12:7).

Que sea un buen mayordomo de tus
revelaciones (1 Corintios 4:1).

Que hable del misterio de Cristo (Colosenses 4:3).

Dame tu sabiduría oculta y que pueda
entenderla (1 Corintios 2:7).

No ocultes de mí tus mandamientos (Salmo 119:19).

Que hable la sabiduría de Dios en misterio (1 Corintios 2:7).

Dame a conocer el misterio del evangelio (Efesios 6:19).

Hazme conocer el misterio de tu voluntad (Efesios 1:9).

Abre tu enigma con el arpa (Salmo 49:4).

Hazme entender tus parábolas, las palabras de
los sabios y sus enigmas (Proverbios 1:6).

Señor, enciende mi lámpara e ilumina
mis tinieblas (Salmo 18:28).

Vuelve ante mí las tinieblas en luz (Isaías 42:16).

Dame los tesoros escondidos y los secretos
muy guardados (Isaías 45:3).

Que tu lámpara alumbre sobre mi cabeza (Job 29:3).

Mi espíritu es lámpara del Señor que escudriña lo
más profundo del corazón (Proverbios 20:27).

Hazme entender lo profundo de Dios (1 Corintios 2:10).

Que pueda entender tus pensamientos
profundos (Salmo 92:5).

Que mis ojos se iluminen con tu Palabra (Salmo 19:8).

Mis ojos son bendecidos para ver (Lucas 10:23).

Que todas las cataratas y escamas espirituales
sean removidas de mis ojos (Hechos 9:18).

Ayúdame a ser capaz de comprender con todos
los santos cual es la anchura, la longitud, la
profundidad y la altura de tu amor (Efesios 3:18).

Que mi conciencia me enseñe en las noches y
que despierte con revelaciones (Salmo 16:7).

ORACIONES RELACIONADAS CON LOS CIELOS

Estoy sentado en lugares celestiales en Cristo, por encima de
todo principado, potestad, poder y dominio (Efesios 1:3).

Tomo mi lugar en los cielos y ato los principados y
potestades que obran contra mi vida, en el nombre de Jesús.

Rompo y reprendo todo plan en los cielos
que obre en mi contra a través del sol, la
luna, las estrellas y las constelaciones.

Ato y reprendo toda fuerza impía que obre en mi
contra a través de la Estrella de la mañana, las
Pléyades, el Orión y la Osa mayor (Job 38:31–32).

Ato y reprendo a todas las deidades y demonios que obran
a través de la luna, en el nombre de Jesús (2 Reyes 23:5).

Ato a las deidades y demonios que obran a través
del sol, en el nombre de Jesús (2 Reyes 23:5).

Ato a todas las deidades y demonios que obran a través de
las estrellas y planetas, en el nombre de Jesús (2 Reyes 23:5).

El sol no me dañará de día ni la luna
de noche (Salmo 121:6).

Los cielos fueron creados como una bendición para mi vida.

Recibo la lluvia y las bendiciones del cielo
sobre mi vida, en el nombre de Jesús.

Oro porque los ángeles sean enviados a hacer guerra en
contra de cualquier espíritu en los cielos enviado para
bloquear la respuesta a mis oraciones (Daniel 10:12–13).

Ato al príncipe de la potestad del aire, en
el nombre de Jesús (Efesios 2:2).

Oro porque las ventanas de los cielos sean
abiertas sobre mi vida (Malaquías 3:10).

Oro por que el cielo sea abierto y ato toda interferencia
demoníaca de los cielos, en el nombre de Jesús.

Que los poderes malignos del cielo sean sacudidos,
en el nombre de Jesús (Mateo 24:29).

Que de los cielos caiga rocío sobre mi
vida (Deuteronomio 33:28).

Inclina tus cielos y desciende, oh Señor (Salmo 144:5).

Que los cielos se abran sobre mi vida y
déjame ver visiones (Ezequiel 1:1).

Sacude los cielos y llena mi casa con
tu gloria (Hageo 2:6–7).

Truena en los cielos en contra del
enemigo, oh Señor (Salmo 18:13).

Que los cielos destilen en la presencia de Dios (Salmo 68:8).

Que los cielos alaben tus maravillas, oh Señor (Salmo 89:5).

Muestra tus maravillas en los cielos (Joel 2:30).

Cabalga sobre los cielos y da tu poderosa
voz, oh Señor (Salmo 68:33).

Que tu multiforme sabiduría sea dada a conocer
a las potestades en los cielos (Efesios 3:10).

ORACIONES PARA MULTIPLICAR Y AUMENTAR

Desata toda limitación y restricción impuesta a mi vida
por cualquier espíritu maligno, en el nombre de Jesús.

Yo ato y echo fuera todos los espíritus de pitones
y constrictores, en el nombre de Jesús.

Dame bendición y ensancha mi territorio, que tu mano esté conmigo y líbrame del mal (1 Crónicas 4:10).

Echa fuera a mis enemigos y ensancha mi territorio (Éxodo 34:24).

Señor, tú has prometido ensanchar mi territorio (Deuteronomio 12:20).

Ensancha mi corazón para que pueda ir por el camino de tus mandamientos (Salmo 119:32).

Mi boca es ensanchada sobre mis enemigos (1 Samuel 2:1).

Ensancha mis pasos para que pueda recibir tu riqueza y prosperidad (Isaías 60:5-9).

Recibo liberación y ensanchamiento para mi vida (Ester 4:14).

El Señor aumentará más y más para mí y mis hijos (Salmo 115:14).

Que tu Reino y tu imperio se incrementen en mi vida (Isaías 9:7).

Que aumente mi conocimiento de Dios (Colosenses 2:19).

Oh Señor, bendíceme y multiplícame (Isaías 51:2).

Multiplícame en abundancia (Génesis 30:43).

Hazme crecer con el crecimiento de Dios (Colosenses 2:19).

Hazme crecer y abundar en amor (1 Tesalonicenses 3:12).

Aumenta mi grandeza y consuélame en todo aspecto (Salmo 71:21).

Déjame crecer en estatura y sabiduría (Lucas 2:52).

Aumenta mi fuerza y confunde a los adversarios (Hechos 9:22).

Que tu gracia y favor aumenten en mi vida.

Que se prolonguen los días de mi vida (Proverbios 9:11).

Que la palabra de Dios crezca en mi vida (Hechos 6:7).

Bendíceme en todo lo que produzca (Deuteronomio 14:22).

Que aumenten mis ofrendas y mis
diezmos (Deuteronomio 14:22).

Que mi estado final sea muy grande (Job 8:7).

Hazme crecer en gracia y en el conocimiento
de Jesucristo (2 Pedro 3:18).

Floreceré como una palmera y creceré como
un cedro de Líbano (Salmo 92:12).

Que mi fe crezca abundantemente (2 Tesalonicenses 1:3).

El que abre caminos subirá delante de mí; abrirá camino
sobre toda limitación y barrera del enemigo (Miqueas 2:13).

Señor, tú eres el Dios que quebranta, tú has
quebrantado a mis enemigos (2 Samuel 5:20).

Mis ramas crecen sobre todo muro erigido
por el enemigo (Génesis 49:22).

Puedo desbaratar ejércitos y saltar muros (Salmo 18:29).

Que mi linaje vaya por toda la tierra y mis
palabras al extremo del mundo (Salmo 19:4).

Soy heredero junto con Jesucristo, dame
por herencia las naciones y como posesión
los confines de la tierra (Salmo 2:8).

RENUNCIAS

Renuncio a toda lujuria, perversión, inmoralidad, suciedad,
impureza y pecado sexual, en el nombre de Jesús.

Renuncio a toda brujería, hechicería, adivinación
y prácticas ocultas, en el nombre de Jesús.

Renuncio a todo vínculo impío en mi alma y toda
relación inmoral, en el nombre de Jesús.

Renuncio a todo odio, ira, resentimiento, venganza,
represalia, rencor y amargura, en el nombre de Jesús.

Perdono a toda persona que me haya lastimado,
decepcionado, abandonado, tratado mal o
rechazado, en el nombre de Jesús.

Renuncio a toda adicción a las drogas, al
alcohol o a toda sustancia legal o ilegal que
me haya atado, en el nombre de Jesús.

Renuncio a todo orgullo, soberbia, arrogancia, vanidad,
egolatría, desobediencia y rebelión, en el nombre de Jesús.

Renuncio a toda envidia, celos y
codicia, en el nombre de Jesús.

Renuncio a todo miedo, incredulidad y
duda, en el nombre de Jesús.

Renuncio a todo egoísmo, toda autocompasión, todo
rechazo hacia mí mismo, todo odio hacia mí mismo
así como a todo deseo de ser reconocido y de hacer
mi propia voluntad, en el nombre de Jesús.

Renuncio a todo pensamiento y sistema de
creencias impío, en el nombre de Jesús.

Renuncio a todo pacto, juramento y voto impío hechos por
mí mismo o por mis ancestros, en el nombre de Jesús.

ORACIONES EN CRISTO

Soy llamado en Cristo (Romanos 1:6).

Soy redimido en Cristo (Romanos 3:24).

Por Cristo, reino en vida (Romanos 5:17).

Estoy vivo para Dios a través de Cristo (Romanos 6:11).

Tengo vida eterna a través de Cristo (Romanos 6:23).

Soy heredero junto con Cristo (Romanos 8:17).

Soy santificado en Cristo (1 Corintios 1:2).

Mi cuerpo es un miembro de Cristo (1 Corintios 6:15).

Tengo la victoria a través de Cristo (1 Corintios 15:57).

Triunfo en Cristo (2 Corintios 2:14).

Soy una nueva criatura en Cristo (2 Corintios 5:17).

Soy la justicia de Dios en Cristo (2 Corintio 5:21).

Tengo libertad en Cristo (Gálatas 2:4).

Soy crucificado con Cristo (Gálatas 2:20).

Estoy revestido de Cristo (Gálatas 3:27).

Soy heredero de Dios por medio de Cristo (Gálatas 4:7).

He sido bendecido con bendiciones espirituales en lugares espirituales en Cristo (Efesios 1:3).

He sido escogido en Cristo antes de la fundación del mundo para ser santo y sin culpa ante Él (Efesios 1:4).

He obtenido una herencia en Cristo (Efesios 1:11).

He sido vivificado juntamente con Cristo (Efesios 2:5).

Estoy sentado en lugares celestiales en Cristo (Efesios 2:6).

He sido creado en Cristo para buenas obras (Efesios 2:10).

Tengo seguridad y acceso en Cristo (Efesios 3:12).

Me regocijo en Cristo (Filipenses 3:3).

Prosigo a la meta del supremo llamamiento de Dios en Cristo (Filipenses 3:14).

Todo lo puedo en Cristo que me fortalece (Filipenses 4:13).

Dios suple todas mis necesidades en Cristo (Filipenses 4:19).

Cristo en mí es la esperanza de gloria (Colosenses 1:27).

Estoy completo en Cristo (Colosenses 2:10).

He muerto junto con Cristo (Colosenses 2:20).

He resucitado junto con Cristo (Colosenses 3:1).

Mi vida está escondida con Cristo en Dios (Colosenses 3:3).

Cristo es mi vida (Colosenses 3:4).

Tengo la mente de Cristo (1 Corintios 2:16).

Soy hecho partícipe de Cristo (Hebreos 3:14).

Soy guardado en Cristo (Judas 1:1).

ORACIONES Y DECLARACIONES DEL REINO

Venga tu Reino, hágase tu voluntad (Mateo 6:10).

Que tu Reino crezca y se establezca a través de la predicación, la enseñanza y la sanidad (Mateo 4:23).

Que las puertas de mi vida y de mi ciudad se abran para que entre el Rey de gloria (Salmo 24:7).

Señor, tú reinas, tú estás vestido de poder y majestad. Tu trono es firme desde que existe el mundo, tú eres para siempre (Salmo 93:1–2).

Señor, tú eres un gran rey por encima de todos los dioses (Salmo 95:3).

Que todas las naciones escuchen que el Señor reina (Salmo 96:10).

Señor, tú reinas, que tiemblen los pueblos, que la tierra se conmueva (Salmo 99:1).

Señor, tú has preparado tu trono en los cielos y tu Reino domina sobre todo (Salmo 103:19).

Que los hombres bendigan al Señor en todos los lugares de su señorío (Salmo 103:22).

Tu Reino es eterno y tu imperio perdura por las generaciones (Salmo 145:13).

Que los hombres hablen de la gloria de tu Reino y hablen de tu poder (Salmo 145:11).

Que los hombres conozcan tus hechos poderosos y la gloriosa majestad de tu Reino (Salmo 145:12).

Que tu Reino venga con liberación (Mateo 12:22).

Que el evangelio del Reino sea predicado en mi Región con señales y maravillas.

Padre, recibo el Reino porque es tu
deleite dármelo (Lucas 12:32).

Que la justicia, la paz y el gozo del Reino se
establezcan en mi vida (Romanos 14:17).

Que los reinos del mundo se vuelvan reinos de
nuestro Señor y de su Cristo (Apocalipsis 11:15).

Que los santos posean el Reino (Daniel 7:22).

Trastorna los tronos de los reinos malvados (Hageo 2:22).

Presérvame para tu Reino celestial (2 Timoteo 4:18).

Que se manifieste el cetro de tu Reino (Hebreos 1:8).

Busco primero el Reino de Dios y su justicia y todo
lo demás me vendrá por añadidura (Mateo 6:33).

Desmenuza y consume cada señorío demoníaco
que se oponga a tu Reino (Salmo 72:8).

Que todo dominio te sirva y te obedezca,
oh Señor (Daniel 7:27).

ORACIONES PARA QUE SE MANIFIESTE EL FUEGO DE DIOS

Tu trono, oh Señor es como una llama
encendida (Daniel 7:9).

Eres el Dios que responde con fuego (1 Reyes 18:24).

El fuego va delante de ti, oh Señor y abrasa
a tus enemigos (Salmo 97:3).

Señor, libera tu fuego y quema las obras de las tinieblas.

Bautízame con el Espíritu Santo y fuego (Lucas 3:16).

Que tu fuego esté en mis manos para sanar
a los enfermos y echar fuera demonios.

Que tu fuego queme en mis ojos, mi corazón,
mis entrañas, mi boca y mis pies.

Que tu fuego esté en mi lengua para predicar y profetizar.

Recibo lenguas de fuego.

Que tu palabra sea predicada con fuego (Jeremías 23:29).

Hazme un ministro de fuego (Hebreos 1:7).

Libérame con tu fuego (Salmo 18:13).

Que tu fuego me proteja y me cubra (Éxodo 14:24).

Libero el fuego de Dios para que queme los ídolos de la tierra (Deuteronomio 7:5).

Que las obras de la brujería y el ocultismo se quemen en tu fuego (Hechos 19:19).

Purifícame con tu fuego (Malaquías 3:2).

Que tu fuego se libere en Sion (Isaías 31:9).

Que los espíritus de la lujuria y la perversión sean destruidos con tu fuego (Génesis 19:24).

Que se manifieste el espíritu abrasador para consumir las obras de las tinieblas (Salmo 140:10).

Que tu llama consuma a los espíritus malignos (Salmo 106:18).

Que tu gloria encienda una hoguera como ardor de fuego (Isaías 10:16).

Haz oír tu potente voz, y haz ver el descenso de tu brazo, con llama de fuego consumidor, con torbellino, tempestad y piedra de granizo (Isaías 30:30).

Que Babilonia sea como mala hierba que tu fuego consuma. Que no puedan salvarse del poder de la llama (Isaías 47:14).

Señor, ven y reprende a tus enemigos con llamas de fuego (Isaías 66:15).

Que toda carne vea tu fuego manifestarse (Ezequiel 20:48).

Crea de noche un resplandor de fuego que eche llamas (Isaías 4:5).

Que el fuego de tu presencia se manifieste en mi vida (Salmo 97:5).

Que los demonios queden al descubierto y sean
echados con tu fuego (Hechos 28:3).

Deja caer tus rayos sobre el enemigo (Salmo 78:48).

Despide tus relámpagos y dispersa al enemigo (Salmo 144:6).

Que tu luz sea por fuego y tu santo por llama que
consuma los cardos y espinas en mi vida (Isaías 10:17).

Oraciones para mandar a la mañana, al día y a la noche

Ordeno a la mañana que asga los confines de la tierra
y que sacuda de ella a los malvados (Job 38:12).

Tendré domino sobre el diablo en la mañana (Salmo 49:14).

Señor, haz alegrar las salidas de la mañana (Salmo 65:8).

Recibo tu misericordia cada mañana (Salmo 143:8).

Libera la belleza de tu santidad desde el
vientre de la mañana (Salmo 110:3).

Que tu luz entre en mi vida como el alba (Salmo 58:8).

Que tus juicios lleguen sobre el enemigo
todas las mañanas (Isaías 28:19).

Señor, tu salida esté dispuesta como el alba, te
rogamos que vengas a nosotros como la lluvia,
lluvia tardía y temprana a la tierra (Oseas 6:3).

Señor, tú me visitas cada mañana (Job 7:18).

Señor, tú me despiertas mañana a mañana, tú despertarás
mi oído para que oiga como los sabios (Isaías 50:4).

No temeré a la saeta que vuele de día o
al terror nocturno (Salmo 91:5).

Señor, muestra tu salvación en mi vida
de día a día (Salmo 96:2).

Ato a la lechuza, en el nombre de Jesús (Isaías 34:14).

Ato todo ataque contra mi vida en la noche.

Toma autoridad sobre todo demonio que sea
liberado contra mí y mi familia por la noche.

Que la marea de la mañana turbe a los
enemigos que quieran atacar mi vida, en el
nombre de Jesús (Isaías 17:12–14).

Ato y reprendo todo Espíritu que quiera escabullirse
de noche en mi contra (Salmo 104:20).

Ato y reprendo a la pestilencia que camina
en la oscuridad (Salmo 91:6).

Descansaré de noche, por que el Señor me dará el sueño.

Que tus ángeles me guarden y me protejan de noche.

Señor, líbrame en la noche (Hechos 12:6–7).

Que mi conciencia me enseñe en las noches (Salmo 16:7).

Tu canción estará conmigo en la noche (Salmo 42:8).

Meditaré en ti en las vigilias de la noche (Salmo 19:2).

Recibo tu fidelidad cada noche (Salmo 92:2).

Ato y reprendo a todo espíritu vampirezco,
en el nombre de Jesús (Levítico 11:19).

Ato y reprendo a todo íncubo y súcubo que me
quiera atacar de noche, en el nombre de Jesús.

Ato y tomo autoridad sobre toda pesadilla y sueño
demoníaco por la noche, en el nombre de Jesús.

Estoy sobre mi guarda noches enteras (Isaías 21:8).

PARA QUE SE MANIFIESTE LA ESPADA DEL SEÑOR

Desato la espada del Señor en contra de las potestades
del infierno, en el nombre de Jesús (Jueces 7:18).

Afilaré mi reluciente espada y tomaré venganza
del enemigo (Deuteronomio 32:41).

Ciñe tu espada sobre tu muslo y cabalga con tu
gloria y majestad por la tierra (Salmo 45:3).

Que tus enemigos caigan por la espada (Salmo 63:10).

Que los sirios caigan con la espada (Isaías 31:8).

Desato la espada del Señor en contra de leviatán (Isaías 27:1).

Envía a tus ángeles con espadas ardientes
para luchar mis batallas en los cielos.

Desato la espada de dos filos para ejecutar
la sentencia (Salmo 149:6).

Libera la espada de tu boca en contra
del enemigo (Apocalipsis 19:15).

PARA QUE SE MANIFIESTEN LAS FLECHAS DEL SEÑOR

Desato la flecha de la liberación del
Señor en mi vida (2 Reyes 13:17).

Desato tus flechas filosas hacia el corazón
de los enemigos del Rey (Salmo 45:5).

Labra y lanza tus flechas en contra de
quienes me persiguen (Salmo 7:13).

Lanza tus flechas y dispersa al enemigo (Salmo 18:14).

Pon a mis enemigos en fuga con flechas
puestas sobre tus cuerdas (Salmo 21:12).

Lanza tus flechas y destrúyelos (Salmo 144:6).

Haz discurrir tus rayos [flechas] (Salmo 77:17).

Lanza flechas de luz al reino de la oscuridad (Habacuc 3:11).

Amontona males sobre ellos y emplea en ellos
tus flechas (Deuteronomio 32:23).

Hiérelos de repente con tus flechas (Salmo 64:7).

Que tu flecha vaya como rayo en contra
del enemigo (Zacarías 9:14).

Rompe sus huesos y atraviésalos con
tus flechas (Números 24:8).

Hiere a tus enemigos con tus flechas (Salmo 64:7).

Pon a tus enemigos como blancos para
tus flechas (Lamentaciones 3:12).

Limpia tus flechas y desata tu venganza
sobre mis enemigos (Jeremías 51:11).

PARA ROMPER MALDICIONES Y ECHAR FUERA ESPÍRITUS GENERACIONALES

Soy redimido de la maldición de la ley (Gálatas 3:13).

Rompo toda maldición generacional de orgullo,
lujuria, perversión, rebelión, brujería, idolatría,
pobreza, rechazo, miedo, confusión, adicción,
muerte y destrucción, en el nombre de Jesús.

Ordeno a todos los espíritus generacionales que
entraron a mi vida durante mi concepción, en el
vientre, en el canal del parto y a través del cordón
umbilical a que salgan, en el nombre de Jesús.

Rompo toda maldición y palabra negativa que yo
haya hablado sobre mi vida, en el nombre de Jesús.

Rompo toda maldición y palabra negativa que haya sido
hablada sobre mi vida por otras personas, incluyendo
aquellas en autoridad, en el nombre de Jesús.

Ordeno a todos los espíritus ancestrales de la masonería, la
idolatría, la brujería, la religión falsa, la poligamia, la lujuria
y la perversión que salgan de mi vida, en el nombre de Jesús.

Ordeno a todos los espíritus hereditarios de lujuria,
rechazo, miedo, malestar, debilidad, enfermedad,
ira, odio, confusión, fracaso y pobreza que
salgan de mi vida, en el nombre de Jesús.

Ato y reprendo a todo espíritu familiar y espíritu
guía que quiera obrar en mi vida a partir de
mis ancestros, en el nombre de Jesús.

Rompo los derechos legales de todos los espíritus
generacionales que obran detrás de una maldición,
en el nombre de Jesús, ustedes no tienen
derecho legal para obrar sobre mi vida.

Renuncio a toda creencia y filosofía falsa heredada
por mis ancestros, en el nombre de Jesús.

Rompo toda maldición sobre mi economía que
provenga de mis ancestros que hayan engañado o hecho
malos manejos de dinero, en el nombre de Jesús.

Rompo toda maldición de malestar y enfermedad
y ordeno a todas las enfermedades heredadas que
salgan de mi cuerpo, en el nombre de Jesús.

Por medio de Jesús, mi familia es bendita (Génesis 12:3).

Renuncio a todo orgullo heredado de mis
ancestros, en el nombre de Jesús.

Rompo todo juramento, voto y pacto que mis ancestros
hayan hecho con el diablo, en el nombre de Jesús.

Rompo toda maldición hecha en secreto contra mí por
agentes de Satanás, en el nombre de Jesús (Salmo 10:7).

Rompo toda maldición escrita que pueda afectar mi
vida, en el nombre de Jesús (2 Crónicas 34:24).

Rompo toda maldición designada para tener efecto en mi
vida cuando adquiera cierta edad, en el nombre de Jesús.

Rompo toda maldición por la que se haya pagado a Balaam
en mi contra, en el nombre de Jesús (Nehemías 13:2).

Señor, convierte en bendición toda maldición
dicha en mi contra (Nehemías 13:2).

Rompo toda rebeldía generacional que me haga
resistir al Espíritu Santo (Hechos 7:51).

Rompo las maldiciones de muerte habladas por
las autoridades de mi nación sobre mi nación.

Rompo las maldiciones de muerte habladas
en contra de mi país dichas por gente de
otros naciones, en el nombre de Jesús.

PARA ANULAR PACTOS IMPÍOS

Rompo y anulo todo pacto, juramento y promesa impía
que haya hecho con mis labios, en el nombre de Jesús.

Renuncio y rompo cualquier juramento impío hecho por
mis ancestros hacia ídolos, demonios religiones falsas u
organizaciones impías, en el nombre de Jesús (Mateo 5:33).

Rompo y anulo todo pacto con la muerte y el infierno
hecho por mis ancestros, en el nombre de Jesús.

Rompo y anulo todo pacto impío hecho por mis ancestros
con demonios o ídolos, en el nombre de Jesús (Éxodo 23:32).

Rompo y anulo todo pacto de sangre hecho mediante
sacrificios que pueda afectar mi vida, en el nombre de Jesús.

Ordeno a todos los demonios que posean algún
derecho legal sobre mi vida mediante un pacto,
que salgan fuera, en el nombre de Jesús.

Rompo y anulo todo pacto hecho con dioses
falsos y demonios a través de prácticas ocultas
y brujería, en el nombre de Jesús.

Rompo y anulo todo casamiento espiritual
que pudiera permitir a un íncubo o súcubo
atacar mi vida, en el nombre de Jesús.

Rompo y anulo todo casamiento a cualquier demonio
que pudiera afectar mi vida, en el nombre de Jesús.

Rompo todo pacto con el infierno, en el
nombre de Jesús (Isaías 28:18).

Me divorcio de todo demonio que pudiera tener
algún derecho sobre mi vida mediante cualquier
pacto ancestral, en el nombre de Jesús.

Tengo un pacto con Dios a través de la sangre de Jesucristo, estoy unido al Señor y soy un espíritu con Él. Rompo todo pacto impío y renuevo mi pacto con Dios a través del cuerpo y la sangre de Jesús.

Ato y echo fuera a cualquier demonio en mi familia que pudiera entrar en mi vida a través de pactos ancestrales, en el nombre de Jesús.

SECCIÓN 2

PREPÁRESE PARA ENFRENTAR AL ENEMIGO

QUÉ HACER PARA tener éxito en la guerra espiritual? Algunos de los requisitos son:

- *Resistencia* (2 Timoteo 2:3). La capacidad de resistir y soportar las dificultades, la adversidad o la tensión. Debemos poder resistir la los problemas para ser buenos soldados de Jesucristo.
- *Aborrecimiento* (Salmo 139:22). Una profunda repulsión, antipatía y repudio. En la guerra espiritual debemos aborrecer el mal y a los espíritus malignos.
- *Conocimiento* (2 Corintios 2:11). No debemos ser ignorantes de las tretas del Diablo.
- *Persistencia* (Salmo 18:37). La capacidad de proseguir con decisión u obstinación a pesar de la opresión, debemos ser persistentes para luchar contra el enemigo.
- *Separación* (2 Timoteo 2:14). Mantenerse apartado; ninguna persona que está en la guerra se deja enredar con los asuntos terrenales de esta vida.

Dios utiliza a personas comunes para lograr sus propósitos. Nuestra capacidad proviene de la gracia, del hecho de que todo creyente está sentado en lugares celestiales en Cristo. Su posición en Cristo está muy por encima de todo principado y potestad, usted debe saber quién es *en Cristo* y a través de Él todo lo puede.

Es importante que usted conozca su autoridad y se enfrente al enemigo con fe; no hay por qué temer, pues los demonios están sujetos a la autoridad del creyente. Jesús nos da el poder para hollar serpientes y escorpiones (Lucas 10:19) y Él nos prometió que ninguna cosa nos dañaría de ninguna manera.

A Josué se le dijo que enfrentara al enemigo (Deuteronomio 2:24) y con *enfrentar* se hablaba de llevar tropas al conflicto. Cuando usted lo haga, verá grandes victorias. Sin embargo, hay creyentes que temen al enfrentamiento, pues temen las represalias. Jesús envió a sus discípulos a enfrentar al enemigo, pues les dijo que sanaran a los enfermos y echaran fuera demonios.

Hay dos revelaciones importantes que todo creyente debe tener: comprender el *poder* y comprender la *autoridad*. La palabra que se tradujo del griego como *poder* es *dunamis* y la que se tradujo como *autoridad* es *exousia*. La autoridad es el derecho legal de utilizar el poder. Hemos recibido autoridad para usar el poder otorgado por el Espíritu Santo.

Tanto la autoridad como el poder deben usarse mediante la fe y la Palabra de Dios y no con base en los sentimientos. La fe viene de escuchar la Palabra de Dios; por ello, es importante que los creyentes asistan a iglesias que enseñen sobre el poder y la autoridad, es importante leer sobre estos temas pues la revelación en estas áreas le dará confianza para hacer oraciones como las que presentamos en este libro.

Se nos ha dado el derecho legítimo de usar el nombre de Jesús, el cual está por encima de todo nombre. La autoridad del nombre de Jesús es reconocida en el reino espiritual; por ello, echamos fuera demonios, atamos las obras de las tinieblas y enseñamos y predicamos en ese nombre.

A través del Espíritu Santo, recibimos poder (Hechos 1:8). De acuerdo con el poder que obra en nosotros, Dios puede hacer obras sobreabundantes. Jesús echó fuera demonios mediante el poder del Espíritu Santo (Mateo 12:28). Combinamos el poder del Espíritu Santo con la autoridad del nombre de Jesús para destruir al enemigo y así es como lo enfrentamos; no con nuestro propio poder y autoridad.

Los demonios reconocen el poder y la autoridad; reconocen a los creyentes que obran con esos dos elementos; y mientras más se ejerza ese poder y autoridad, más se desarrollarán dichas áreas. Es importante empezar, para lo cual lo ayudarán las oraciones de este libro.

También es importante que se asegure que sus pecados sean perdonados cuando enfrente al enemigo, pues si confesamos nuestros pecados, Él es fiel y justo para perdonarnos y limpiarnos de toda maldad (1 Juan 1:9). No confronte al enemigo con un pecado sin confesar en su vida. Hay poder en la sangre de Jesús, misma que nos limpia de todo pecado, no dé lugar al diablo, usted debe obrar con justicia y rectitud.

Somos hechos justos a través de la fe, somos la justicia de Dios en Cristo (2 Corintios 5:21). Muchos creyentes sufren de sentimientos de inferioridad y baja autoestima porque no comprenden lo que es la justicia. Ser justos nos da confianza y nos da osadía, es el cetro del reino (Hebreos 1:8), y los justos están tan confiados como un león (Proverbios 28:1).

Dios cubre nuestras cabezas en el día de la batalla (Salmo 140:7) y esa cobertura es una protección que adquirimos al someternos a Dios, a su Palabra y al Espíritu Santo como base de todo. La humildad y la sumisión son características importantes de los creyentes que entran en la guerra espiritual. Estas oraciones no son para gente rebelde, pues es importante estar sometidos a una autoridad bíblica adecuada, lo cual incluye la sumisión a líderes que sigan a Dios y que cuiden de su alma.

ORACIONES PARA PEDIR SEGURIDAD Y PROTECCIÓN DIVINA

Me cubro, cubro a mi familia y a mis posesiones con la sangre de Jesús.

Levántame y estaré seguro (Salmo 119:117).

Que los ángeles del Señor acampen a mi
alrededor y me protejan (Salmo 34:7).

Que tu gloria sea mi armadura y que
proteja mi espalda y retaguardia.

Que el fuego de Dios rodee y proteja
mi vida de toda destrucción.

El nombre de Jesús es torre fuerte, corro a
ella y estoy seguro (Proverbios 18:10).

Señor, tú me haces habitar en seguridad (Salmo 4:8).

Protégeme de los opresores (Salmo 12:5).

Permíteme habitar con seguridad en mi tierra (Levítico 26:5).

Guíame con seguridad y no tendré temor; que el
mar cubra a mis enemigos (Salmo 78:53).

Permíteme recostarme y descansar con
seguridad (Job 11:18; Isaías 14:30).

Voy a habitar en seguridad,
no temeré a nada (Ezequiel 34:28).

Guárdame como la niña de tus ojos y escóndeme
bajo la sombra de tus alas (Salmo 17:8).

Estaré seguro bajo la cubierta de tus alas (Salmo 61:4).

Confiaré en la sombra de tus alas (Salmo 57:1).

Sé mi refugio de la lluvia y la tormenta (Isaías 4:6).

Sé mi refugio del viento y la tempestad (Isaías 32:2).

Pon mi cabeza a cubierto en el día
de la batalla (Salmo 140:7).

Cúbreme en la sombra de tu mano (Isaías 51:16).

Cúbreme con tus plumas (Salmo 91:4).

Sé mi refugio y mi fortaleza (Salmo 59:16).

Defiéndeme y libérame (Isaías 31:5).

Que tu gloria sea mi defensa (Isaías 4:5).

Ponme a salvo de quienes se levanten
en contra de mí (Salmo 59:1).

Señor, tú eres mi escudo y mi refugio (Salmo 119:114).

Señor rodéame con tu escudo de protección (Salmo 5:12).

Derríbalos, oh Señor, mi escudo (Salmo 59:11).

Que tu verdad sea mi escudo (Salmo 91:4).

Señor, tú eres mi sol y mi escudo (Salmo 84:11).

Señor, tú eres mi escudo y mi galardón será
sobremanera grande (Génesis 15:1).

No temeré a diez mil que se hayan levantado en contra
mía, porque tú eres mi escudo (Salmo 3:1–6).

Eres una torre fuerte en contra del enemigo (Salmo 61:3).

ORACIONES PARA QUE SE MANIFIESTE EL BRAZO DEL SEÑOR

Nadie tiene un brazo como el tuyo, Señor,
lleno de fuerza y poder (Job 40:9).

Señor, tu brazo es poderoso, tu mano es fuerte
y tu diestra está en alto (Salmo 89:13).

Extiende tu brazo y redímeme, libérame
de toda servidumbre (Éxodo 6:6).

Que caiga temblor y espanto sobre el
enemigo por la grandeza de tu brazo hasta
que yo haya pasado (Éxodo 15:16).

Favóreceme y que tu diestra me haga
poseedor de la tierra (Salmo 44:3).

Quebranta a Rahab y dispersa a tus enemigos
con tu brazo fuerte (Salmo 89:10).

Que tu mano me establezca y tu brazo
me fortalezca (Salmo 89:21).

Que tu diestra y tu santo brazo me
den la victoria (Salmo 98:1).

Haz ver el descenso de tu brazo con llama de fuego
consumidor en contra de mis enemigos (Isaías 30:30).

Pongo mi esperanza en tu brazo (Isaías 51:5).

Despiértate, despiértate, vístete de poder, oh brazo
de Jehová; despiértate como en el tiempo antiguo,
corta a Rahab, y hiere al dragón (Isaías 51:9).

Desnuda tu santo brazo ante los ojos de todas las naciones
y que toda carne vea tu salvación (Isaías 52:10).

Haz proezas con tu brazo, esparce a
los soberbios (Lucas 1:51).

Revélame tu brazo, para que conozca tu fuerza y tu poder.

Que el poder de tus manos se derrame
en mi vida (Habacuc 3:4).

Para que se manifieste el poder de Dios

Señor, derrama tu poder glorioso en
contra del enemigo (Éxodo 15:6).

Que la fuerza y el poder se derramen
de tu mano (1 Crónicas 29:12).

Dispersa al enemigo con tu poder (Salmo 59:11).

Gobierna sobre tus enemigos con tu poder (Salmo 66:7).

Que el poder de tu ira se derrame en contra de
los poderes de la oscuridad (Salmo 90:11).

Desato el poder y la autoridad del Señor en contra
de todos los demonios a los que me enfrente,
en el nombre de Jesús (Mateo 10:1).

Por Dios me libero del poder de Satanás (Hechos 26:18).

Divide el mar y destruye a los espíritus marinos
por medio de tu poder (Job 26:18).

Soy fuerte en el Señor y en el poder
de su fuerza (Efesios 6:10).

Haz que los poderes de la oscuridad se sometan al tuyo.

Muestra tu asombroso poder, para que los hombres crean.

Derrama tu poder en sanidad y liberación (Lucas 5:17).

Manifiesta tu voz potente (Salmo 29:4).

Hazme asombrarme con tu poder (Lucas 9:43).

Que tu gran poder se libere a través de
tus apóstoles (Hechos 4:33).

Que las señales, maravillas y milagros se derramen a
través del poder del Espíritu Santo (Romanos 15:19).

Que predique y enseñe con demostración del
Espíritu y de poder (1 Corintios 2:4).

Que tu poder obre en mí (Efesios 3:20).

Manda a tus ángeles poderosos a que peleen mis batallas
en los cielos (2 Pedro 2:11 y Apocalipsis 18:1).

Derrama el poder de Elías a través de
tus profetas (Lucas 1:17).

Que esté yo dispuesto en el día de tu poder (Salmo 110:3).

PARA SOLTAR EL PODER DE LA SANGRE

Cubro mi mente y mis pensamientos con la sangre de Jesús.

Cubro mi puerta y mis posesiones con la
sangre de Jesús (Éxodo 12:13).

Venzo al diablo mediante la sangre
de Jesús (Apocalipsis 12:11).

Rocío la sangre de Jesús y recibo gracia
y paz multiplicadas (1 Pedro 1:2).

Soy perfeccionado mediante la sangre del
pacto eterno (Hebreos 13:20–21).

Tengo libertad para entrar en la presencia de
Dios a través de la sangre (Hebreos 10:19).

Mi consciencia está limpia de obras muertas para servir
al Dios vivo por la sangre de Jesús (Hebreos 9:14).

Como el cuerpo de Jesús y bebo su sangre (Juan 6:54).

Soy redimido por la sangre de Jesús y soy
redimido del poder del mal (Efesios 1:7).

Reprendo a todos los espíritus de tormento y miedo porque
tengo paz mediante la sangre de Jesús (Colosenses 1:20).

Recibo los beneficios del nuevo pacto mediante
la sangre de Jesús (Mateo 26:28).

Recibo salud y sanidad por la sangre de Jesús.

Recibo abundancia y prosperidad por la sangre de Jesús.

Recibo liberación por la sangre de Jesús.

Recibo la plenitud y la unción del Espíritu
Santo por la sangre de Jesús.

La sangre de Jesús atestigua mi redención
y mi salvación (1 Juan 5:8).

La sangre de Jesús me limpia de todo pecado (1 Juan 1:7).

Jesús resistió hasta la sangre y su sangre
me da la victoria (Hebreos 12:4).

Reprendo y echo fuera a todo espíritu de culpa,
vergüenza y condenación por la sangre de Jesús.

Rompo el poder del pecado y la iniquidad en mi vida
mediante la sangre de Jesús (Hebreos 10:17).

Mi corazón es rociado con la sangre de Jesús y
purificado de toda mala conciencia (Hebreos 10:22).

Ato a Satanás, el acusador de nuestros hermanos,
por la sangre de Jesús (Apocalipsis 12:10).

Ordeno a todos mis acusadores que salgan
por la sangre de Jesús (Juan 8:10).

Reprendo y echo fuera a todos los espíritus de calumnia y acusación por la sangre de Jesús (Mateo 12:10).

Desato la voz de la sangre en contra de los demonios y espíritus malignos que me acusan y me condenan (Hebreos 12:24).

ORACIONES DE GUERRA

Señor, adiestra mis manos para la batalla y mis dedos para la pelea (Salmo 144:1).

Señor, soy un guerrero tuyo en los últimos tiempos, úsame como arma en contra del enemigo (2 Crónicas 11:1).

Mis armas de guerra no son de este mundo sino poderosas en ti para la destrucción de fortalezas (2 Corintios 10:4).

Satanás, tú has perdido la guerra en los cielos (Apocalipsis 12:7).

Que todos los enemigos que hacen la guerra contra el Cordero sean destruidos (Apocalipsis 17:14).

No hago la guerra con la carne, sino con el espíritu (2 Corintios 10:3).

Señor, truena sobre el enemigo, da tu voz con granizo y carbones de fuego (Salmo 18:13).

Lanza tus flechas y dispérsalos, lanza relámpagos y destrúyelos (Salmo 18:14).

Líbrame de mi poderoso enemigo y de los que eran más fuertes que yo (Salmo 18:17).

Libérame y llévame a un lugar espacioso (Salmo 18:19).

Soy tu martillo y tu arma de guerra (Jeremías 51:20).

Haz hecho que mis enemigos me den la espalda y los destruiré, en el nombre de Jesús (Salmo 18:40).

Soy tu ungido y me has liberado en gran manera (Salmo 18:50).

Los moleré como polvo y los echaré como
lodo de las calles (Salmo 18:42).

Perseguí a mis enemigos y los alcancé y no
volví hasta acabarlos (Salmo 18:37).

Los herí para que no se levantaran y
cayeron bajo mis pies (Salmo 18:38).

Piso sobre el león y el áspid y hollaré al cachorro
del león y al dragón (Salmo 91:13).

Huello serpientes y escorpiones, y todo poder del
maligno, nada me dañará (Lucas 10:19).

Huello a los malvados, son cenizas debajo
de mis pies (Malaquías 4:3).

Me levantaré y desmenuzaré al enemigo (Miqueas 4:13).

Reprendo a todo jabalí del campo, en el
nombre de Jesús (Salmo 80:13).

Reprendo a toda bestia que corretee
en la selva (Salmo 104:20).

Reprendo a toda bestia del bosque que
venga a devorar (Isaías 56:9).

Reprendo a todo león del bosque que
venga a matar (Jeremías 5:6).

Cierro la puerta a toda rata demoníaca que pretenda
entrar a mi vida, en el nombre de Jesús (Isaías 66:17).

Ato y echo fuera a todo ladrón que quiera robar mis
finanzas, en el nombre de Jesús (Juan 10:10).

Ato y echo fuera a todo espíritu que quiera
robarse mi gozo, en el nombre de Jesús.

Ato, expongo y echo fuera a todo demonio que
quiera entrar con sigilo a mi vida (2 Samuel 19:3).

Señor, limpia mi templo y aleja a todo
ladrón de mi vida (Juan 2:14–15).

Señor, levanta una bandera en contra de toda inundación
que el diablo quiera traer a mi vida (Isaías 59:19).

Ato y echo fuera a todo espíritu familiar que quiera
obrar en mi vida, en el nombre de Jesús (Isaías 8:19).

Ato y reprendo todo demonio que quiera bloquear
mi camino, en el nombre de Jesús (Mateo 8:28).

Retiro de mi vida toda levadura de malicia
y de maldad (1 Corintios 5:8).

Reprendo y echo fuera de mi vida todo espíritu en forma
de rana, en el nombre de Jesús (Apocalipsis 16:13).

Ato y reprendo demonios en lugares altos, en
el nombre de Jesús (2 Crónicas 11:15).

Rompo toda participación con demonios a
través de el pecado, sangre o sacrificios, en el
nombre de Jesús (1 Corintios 10:20).

Ordeno a todos los demonios que se alejen de mis
hijos, en el nombre de Jesús (Marcos 7:29).

Señor, exhibo a todo diablo humano en mi
vida, en el nombre de Jesús (Juan 6:70).

Señor, expongo a todo hijo del diablo que
quiera entrar a la iglesia (Hechos 13:10).

Que todo espíritu que se oculte de mí sea exhibido,
en el nombre de Jesús (Josué 10:16).

Que toda trampa oculta dirigida hacia
mí sea exhibida (Jeremías 18:22).

Me levanto en contra y reprendo toda
acechanza del diablo (Efesios 6:11).

Me libero de toda trampa del diablo, en el
nombre de Jesús (2 Timoteo 2:26).

No caeré en la condenación del diablo (1 Timoteo 3:6).

Señor, que ninguna doctrina del diablo se
establezca en mi vida (1 Timoteo 4:1).

Anulo el poder de cualquier sacrificio hecho a
los demonios en mi ciudad, región o nación,
en el nombre de Jesús (Levítico 17:7).

Ato y reprendo a Moloc y a todo espíritu que
haya sido enviado para que mi destino no
llegue a buen término (Levítico 18:21).

Dame la fortaleza para cumplir mi destino (Isaías 66:9).

Venzo a todo espíritu del anticristo porque mayor es el que
está en mí que el que está en el mundo (1 Juan 4:4–5).

Me libero de todo espíritu de error, en
el nombre de Jesús (1 Juan 4:6).

Señor, no me dejes obrar en el espíritu
incorrecto (Lucas 9:55).

Me libero de todo espíritu de fornicación,
en el nombre de Jesús (Oseas 4:12).

Dame y déjame caminar en un espíritu superior (Daniel 6:3).

Guardaré mi espíritu todo el tiempo (Malaquías 2:15).

Ato y echo fuera todo espíritu que quiera destruir mi vida
en cualquier forma, en el nombre de Jesús (Marcos 9:20).

Señor, despierta mi espíritu para hacer
tu voluntad (Hageo 1:14).

Ato y echo fuera a todo espíritu de estupor en mi
vida, en el nombre de Jesús (Romanos 11:8).

Ato y echo fuera a todo demonio de miedo y
timidez, en el nombre de Jesús (2 Timoteo 1:7).

Ato y reprendo todo espíritu de seducción que venga
contra mí, en el nombre de Jesús (1 Timoteo 4:1).

Ato y reprendo al ángel de luz, en el
nombre de Jesús (2 Corintios 11:14).

Rechazo todo ministerio apostólico falso, en
el nombre de Jesús (2 Corintios 11:13).

Rechazo todo ministerio profético falso, en
el nombre de Jesús (Mateo 7:15).

Rechazo todo ministerio falso de enseñanza,
en el nombre de Jesús (2 Pedro 2:1).

Muéstrame a todos los hermanos falsos (2 Corintios 11:26).

Rechazo la boca que habla vanidad y la
diestra de mentira (Salmo 144:8).

Rechazo toda visión falsa y toda palabra profética falsa
que haya sido manifestada sobre mi vida (Jeremías 14:14).

Yo ato a Satanás, el engañador, para que no pueda
engañar de ninguna forma en mi vida (Apocalipsis 12:9).

Ato y echo fuera todo espíritu de autoengaño,
en el nombre de Jesús (1 Corintios 3:18).

Ato y echo fuera todo espíritu de hechicería que quiera
engañarme, en el nombre de Jesús (Apocalipsis 18:23).

Señor, que ningún humano me engañe (Mateo 24:4).

Ato y reprendo toda fascinación que impida
que obedezca la verdad (Gálatas 3:1).

Pido que me sea dada palabra para dar a conocer con
denuedo el misterio del evangelio (Efesios 6:19).

Líbrame de la mano de hombres perversos
y malos (2 Tesalonicenses 3:2).

Los espíritus malignos se van de mi vida conforme
escucho y hablo la palabra (Mateo 8:16).

Reprendo, ato y echo fuera al vengativo (Salmo 8:2).

Ato y echo fuera a todo espíritu que se arrastre y
que quiera arrastrarse en mi vida (Ezequiel 8:10).

Que el martillo del perverso sea roto (Jeremías 50:23).

Renuncio a toda sabiduría terrenal, animal
y diabólica (Santiago 3:15).

Echo fuera a los demonios y termino mi obra (Lucas 13:23).

Que todo faraón que persiga mi vida sea
ahogado en el mar (Éxodo 15:4).

Reprendo a toda abeja demoníaca que quiera
rodearme, en el nombre de Jesús (Salmo 118:12).

Ato y echo fuera todo espíritu de Absalón que
quiera robarse mi corazón para apartarlo del
liderazgo ordenado por Dios (2 Samuel 15:6).

Dormiré bien y no me mantendrá despierto ningún
espíritu de inquietud o insomnio (Salmo 3:5).

ORACIONES PARA ARRANCAR DE RAÍZ

Que toda planta que mi Padre no haya sembrado
sea desarraigada, en el nombre de Jesús.

Golpeo con el hacha la raíz de todo
árbol de maldad en mi vida.

Que toda raíz generacional impía sea cortada y
sacada de raíz de mi linaje, en el nombre de Jesús.

Que las raíces de la maldad sean como podredumbre.

Ordeno a todo árbol del mal que sea
desarraigado y echado al mar (Lucas 17:6).

Que tu fuego santo queme toda raíz impía,
en el nombre de Jesús (Malaquías 4:1).

Que la confianza del enemigo sea desarraigada (Job 18:14).

Que toda raíz de amargura sea cortada
de mi vida (Hebreos 12:15).

Que las palabras proféticas sean desatadas para
arrancar de raíz los reinos del mal (Jeremías 1:10).

Que toda persona malvada plantada en mi iglesia
sea desarraigada, en el nombre de Jesús.

Que cualquier enfermedad que haya echado raíces en
mi cuerpo sea arrancada, en el nombre de Jesús.

Que todo ministerio falso que haya echado
raíces en mi ciudad sea arrancado.

Que toda zarza y ortiga sean arrancadas
de mi vida, en el nombre de Jesús.

Que todos los espinos en mi vida sean quemados,
en el nombre de Jesús (Isaías 10:17).

Que todos los espíritus enraizados en el
rechazo salgan, en el nombre de Jesús.

Que todos los espíritus enraizados en el
orgullo salgan, en el nombre de Jesús.

Que todos los espíritus enraizados en la
rebelión salgan, en el nombre de Jesús.

Que todos los espíritus enraizados en el
miedo salgan, en el nombre de Jesús.

Que todos los espíritus enraizados en la lujuria y en
el pecado sexual salgan, en el nombre de Jesús.

Que todos los espíritus enraizados en
maldiciones salgan, en el nombre de Jesús.

Que todos los espíritus enraizados en la
brujería salgan, en el nombre de Jesús.

Que todos los espíritus enraizados en alguna parte u
órgano de mi cuerpo salgan, en el nombre de Jesús.

ORACIONES EN CONTRA DE SATANÁS (EL DIABLO)

Satanás, el Señor te reprenda (Zacarías 3:2).

Vete de aquí Satanás, porque escrito está (Mateo 4:10).

Vete de mí Satanás, porque escrito está (Lucas 4:8).

Veo a Satanás cayendo del cielo como un rayo (Lucas 10:18).

Me deshago de toda atadura de Satanás, en
el nombre de Jesús (Lucas 13:16).

Señor, aplasta a Satanás bajo mis pies (Romanos 16:20).

Ato y reprendo a todo espíritu de Satanás que esté
estorbando, en el nombre de Jesús (1 Tesalonicenses 2:18).

Renuncio a todo enojo impío y no doy
lugar al diablo (Efesios 4:27).

Oro pidiendo vencer toda intención de Satanás
de zarandear mi vida (Lucas 22:31).

En Dios soy libre del poder de Satanás (Hechos 26:18).

Ato al ladrón para que no robe, mate o
destruya en mi vida (Juan 10:10).

Señor, retira el asiento de Satanás de mi región,
mi ciudad y mi nación (Apocalipsis 2:13).

Señor, retira toda sinagoga de Satanás de mi ciudad,
mi región y mi nación (Apocalipsis 3:9).

Ato y reprendo toda la ira del diablo dirigida
hacia mi vida (Apocalipsis 12:12).

Diablo, te resisto, huye (Santiago 4:7).

Soy sobrio y velo en contra de mi
adversario el diablo (1 Pedro 5:8).

PARA REPRENDER AL ENEMIGO

Satanás, el Señor te reprenda (Zacarías 3:2).

Que el enemigo perezca por tu represión,
oh Señor (Salmo 80:16).

Que el enemigo huya de tu represión,
oh Señor (Salmo 104:7).

Reprendo todo viento y tempestad del enemigo
enviada en contra de mi vida (Marcos 4:39).

Reprime la reunión de gentes armadas y sus
becerros hasta que se sometan (Salmo 68:30).

Reprende a quienes vengan contra mí con estrépito
como de aguas y que huyan lejos (Isaías 17:13).

Reprende por mí al devorador (Malaquías 3:11).

Reprende al jinete y al caballo y que
sean entorpecidos (Salmo 76:6).

Reprendo todo espíritu impuro que intente
obrar en mi vida (Lucas 9:42).

Reprendo a los espíritus soberbios y
malditos (Salmo 119:21).

Desato reprensiones de ira sobre el enemigo (Ezequiel 25:17).

Que el enemigo sea reprendido por el soplo
del aliento de tu nariz (2 Samuel 22:16).

Reprende al enemigo con llamas de fuego (Isaías 66:15).

Que un millar huyan a mi reprensión (Isaías 30:17).

Reprende todo mar que trate de cerrarse
sobre mi vida (Salmo 106:9).

Diablo, te reprendo. Calla y sal (Marcos 1:25).

PARA HABLAR A LOS MONTES

Hablo a cada monte de mi vida y le ordeno que
sea quitado y echado al mar (Marcos 11:23).

Ordeno a todo monte económico que sea
quitado de mi vida, en el nombre de Jesús.

Que todo monte maligno escuche la voz del
Señor y sea quitado (Miqueas 6:2).

Profetizo a los montes y les ordeno escuchar la
Palabra de Dios y ser quitados (Ezequiel 36:4).

Que las montañas tiemblen ante la
presencia de Dios (Habacuc 3:10).

Contiendo contra todo monte y le ordeno
escuchar mi voz (Miqueas 6:1).

Convierto en desolación los montes de
Esaú (la carne) (Malaquías 1:3).

Levanta tu mano, oh Señor y trastorna
de raíz los montes (Job 28:9).

Ordeno a todo monte de deuda que
sea quitado y echado al mar.

Señor, tú estás en contra de todo monte
de destrucción (Jeremías 51:25).

Que los montes tiemblen ante tu
presencia, oh Dios (Jueces 5:5).

Convierte en soledad todo monte de maldad
en mi vida, oh Señor (Isaías 42:15).

Trillo todo monte y lo moleré, y los collados
reduciré a tamo (Isaías 41:15).

Cada monte en mi camino se convertirá
en llanura (Zacarías 4:7).

PARA DESPOJAR

Que los consejeros de los malos sean
despojados de consejo (Job 12:17).

Lleva despojados a los príncipes de las tinieblas (Job 12:19).

Despoja a los fuertes de corazón (Salmo 76:5).

Ato al enemigo, le quito todas sus armas
y divido el botín (Lucas 11:22).

Que Babilonia sea despojada y destruida (Jeremías 51:53).

Que los lugares altos sean despojados, en
el nombre de Jesús (Jeremías 12:12).

Señor, tú has despojado principados y
potestades (Colosenses 2:15).

Despojo al enemigo y restituyo los bienes robados,
en el nombre de Jesús (Éxodo 12:36).

Despojo las tiendas del enemigo, en el
nombre de Jesús (1 Samuel 17:53).

Despojo a quienes han intentado
despojarme (Ezequiel 39:10).

El enemigo no me despojará, sino que
será despojado (Isaías 33:1).

Que los palacios y las fortalezas de la oscuridad sean
saqueadas, en el nombre de Jesús (Amós 3:11).

Que los espíritus orgullosos sean asolados,
en el nombre de Jesús (Zacarías 11:3).

Desato a las langostas para que destruyan la obra de
las tinieblas, en el nombre de Jesús (Nahum 3:16).

Que las fortalezas de la oscuridad sean destruidas,
en el nombre de Jesús (Oseas 10:14).

SECCIÓN 3

CONFRONTE LAS TÁCTICAS DEL ENEMIGO

No PODEMOS SER ignorantes con respecto a las tácticas del enemigo. El diablo es un conspirador, y una *conspiración* es un plan, un estratagema o un programa de acción. Sin embargo, podemos vencer todas las conspiraciones del maligno. La Biblia nos habla sobre las acechanzas del diablo (Efesios 6:11); es decir, sus artimañas, sus tretas o lo que es lo mismo: *trampas*.

La guerra requiere de tácticas y estrategias; los generales deben ser excelentes en esos dos aspectos, pues no se puede ganar sin estrategia. No le permita al enemigo hacer estrategias en su contra, sino más bien, vénzalas y destrúyalas mediante la oración.

Las trampas y las artimañas del diablo están ocultas, y las personas caen en ellas sin siquiera darse cuenta, pero podemos librarnos de la trampa del cazador, del cazador de almas que es Satanás. La manera de ser libres y liberar a los demás es la oración.

La principal táctica del enemigo es el engaño, pues es un mentiroso y el padre de toda mentira. La Palabra de Dios nos muestra las tácticas del enemigo, porque Dios es luz y su Palabra es luz, la cual puede hacer visible al enemigo y destruir la oscuridad.

Multitud de personas son engañadas por el enemigo, hay huestes de espíritus mentirosos y engañadores que obran bajo la autoridad de Satanás. Los espíritus incluyen a la ilusión, el engaño, la mentira, la seducción, la ceguera, el error y la artimaña. Nuestra oración puede retirarle el poder a estos espíritus engañadores y lograr que se abran los ojos de las personas.

David oró en contra de las conspiraciones de sus enemigos, los salmos están llenos de referencias a los planes de los malvados para derrocarlo, pero sus oraciones fueron la clave para destruir esos planes y traer liberación a su vida. David oró porque sus enemigos fueran dispersados, confundidos, expuestos y destruidos.

Las luchas de David fueron contra enemigos de carne y hueso, pero detrás de dichos enemigos había entidades espirituales que se oponían a su reino. Jesús debía proceder del linaje de David y sentarse sobre ese trono; por ello, David estaba luchando contra algo más allá de lo terrenal. Por medio del Espíritu Santo, David contendía en contra de los poderes de las tinieblas que estaban dispuestos para luchar en contra de la llegada del Reino de Dios.

Los poderes de los que hablamos también se manifestaron a través de Herodes, quien intentó asesinar al Mesías que habría de venir, movido por los espíritus del miedo y del homicidio y usado por Satanás para tratar de abortar la llegada del Reino; sin embargo, el Espíritu Santo ya había sido desatado mediante las oraciones de David y su trono ya estaba asegurado.

Muchas de estas oraciones de guerra fueron tomadas de los salmos de David. Jesús, como Hijo de David, se sienta en su trono y las oraciones proféticas del salmista se volvieron armas en contra del intento del enemigo para detener la semilla que había sido prometida. Las victorias de David en la oración abrieron el camino para que su trono continuara. El trono de la maldad no pudo vencer al trono de la justicia.

Dios le enseñó a David y se volvió el rey guerrero cuyas victorias lograron establecer su reino; sin embargo, su victoria sobre la casa de Saúl llegó después de una larga guerra (2 Samuel 3:1), así que no se desanime en la oración, sígalo haciendo y se volverá más fuerte al tiempo que el enemigo se debilita. David consumió a sus enemigos (Salmo 18:37–40) y no regresó hasta que fueron destruidos; así, nosotros debemos ver a nuestros enemigos espirituales completamente destruidos, debemos perseguirlos, y con *perseguir* me refiero a seguir hasta vencerlos o capturarlos, de una manera hostil, pues no podemos ser pasivos cuando se trata de la guerra.

Las victorias de David prepararon el camino a Salomón, quien disfrutó de paz y prosperidad. El nombre de Salomón significa "paz", palabra que en hebreo se dice *shalom* y que además significa "prosperidad, favor, salud y bienestar". Sus victorias sobre el enemigo tendrán como resultado que *shalom* sea derramada en su vida y que en ella se manifieste la paz y la prosperidad de una manera cada vez mayor.

PARA APAGAR EL FUEGO DEL ENEMIGO

Apago con el escudo de la fe todo dardo de fuego que el enemigo lance contra mí (Efesios 6:16).

Apago todo dardo de fuego de envidia, celos, enojo, amargura e ira que sea lanzado contra mi vida, en el nombre de Jesús.

Apago todo tizón enviado por el enemigo en contra de mi vida, en el nombre de Jesús (Isaías 7:4).

Ato y reprendo todo espíritu de celos dirigido hacia mi vida, en el nombre de Jesús.

Apago todo fuego que el enemigo quisiera echar en mi santuario, en el nombre de Jesús (Salmo 74:7).

Ato y echo fuera toda serpiente de fuego lanzada en contra de mi vida, en el nombre de Jesús (Isaías 30:6).

Apago toda centella de fuego que venga de la boca de leviatán (Job 41:19).

No seré quemado por el fuego del enemigo (Isaías 43:2).

Pasaré toda prueba de fuego enviada por el enemigo en contra de mi vida (1 Pedro 1:7).

El enemigo no podrá quemar mi cosecha (2 Samuel 14:30).

Apago todo fuego de maldad enviado contra mi vida, en el nombre de Jesús (Isaías 9:18).

Apago toda palabra impía hablada en contra de mi
vida, en el nombre de Jesús (Proverbios 16:27).

Apago toda antorcha que el enemigo quiera usar contra
mi vida, en el nombre de Jesús (Zacarías 12:6).

Apago todo chisme dirigido contra mi vida, en
el nombre de Jesús (Proverbios 26:20).

La flama del enemigo no arderá sobre mí (Isaías 43:2).

PARA ROMPER MALDICIONES Y QUE FLUYAN LAS BENDICIONES DE DIOS

Soy redimido de la maldición mediante
la sangre de Jesús (Gálatas 3:13).

Soy la cimiente de Abraham y su
bendición es mía (Gálatas 3:14).

Escojo bendición en lugar de maldición y vida
en lugar de muerte (Deuteronomio 11:26).

Rompo y me libero de toda maldición e iniquidad
generacional como resultado de los pecados de
mis antepasados, en el nombre de Jesús.

Rompo y me libero de toda maldición en ambos
lados de mi familia por sesenta generaciones.

Rompo todas las maldiciones de la brujería, la
hechicería y la adivinación, en el nombre de Jesús.

Rompo y me libero de toda maldición de
orgullo y rebelión, en el nombre de Jesús.

Rompo y me libero de toda maldición de muerte
y destrucción, en el nombre de Jesús.

Rompo y reprendo toda maldición de enfermedad
y malestar, en el nombre de Jesús.

Rompo y me libero de toda maldición de pobreza,
carencia y deuda, en el nombre de Jesús.

Rompo y me libero de toda maldición de
rechazo, en el nombre de Jesús.

Rompo y me libero de toda maldición de mente
dividida y esquizofrenia, en el nombre de Jesús.

Rompo y me libero de toda maldición de
Jezabel y Acab, en el nombre de Jesús.

Rompo y me libero de toda maldición de divorcio
y separación, en el nombre de Jesús.

Rompo y me libero de toda maldición de lujuria
y perversión, en el nombre de Jesús.

Rompo y me libero de toda maldición de confusión
y enfermedad mental, en el nombre de Jesús.

Rompo y me libero de toda maldición de
idolatría, en el nombre de Jesús.

Rompo y me libero de toda enfermedad que pueda causar
accidentes o una muerte prematura, en el nombre de Jesús.

Rompo y me libero de toda maldición de distracción
y vagabundeo, en el nombre de Jesús.

Rompo y me libero de toda maldición hablada y toda
palabra negativa hablada en mi contra por otras personas y
por gente de autoridad, en el nombre de Jesús, y los bendigo.

Rompo y me libero de toda maldición que haya
provocado sobre mí mismo por palabras negativas
que hay dicho, en el nombre de Jesús.

Ordeno a todo demonio que se esconda y obre a través
de una maldición que salga, en el nombre de Jesús.

ORACIONES PARA VENCER CONSPIRACIONES SATÁNICAS Y DEMONÍACAS

Desato confusión en contra de toda conspiración
satánica y demoníaca en contra de mi vida.

Que el consejo secreto de los malvados
se convierta en necedad.

Que se dispersen quienes se hayan reunido contra mí.

Envía tu rayo, oh Señor y dispersa al enemigo.

Destrúyelos, oh Señor y confunde sus lenguas (Salmo 55:9).

Ningún arma forjada en contra de mí
prosperará, las puertas y los planes del
infierno no prevalecerán en mi contra.

Venzo toda estrategia del infierno en contra mía.

Toda estrategia del infierno es expuesta y sacada a la luz.

Recibo los planes de Dios para mi vida, pensamientos
de paz y no de mal, para darme el fin que espero.

Soy liberado de toda trampa y plan del
maligno en contra de mi vida.

Desato al torbellino para dispersar a
quienes conspiran en mi contra.

Que quienes planeen dañarme me den
la espalda y sean confundidos.

Que las redes que han escondido los atrapen
y que caigan en esa misma destrucción.

Ato y reprendo todo espíritu de Sanbalat y Tobías,
en el nombre de Jesús. (Nehemías 6:1–6).

Escóndeme del consejo secreto de los malignos (Salmo 64:2).

PARA VENCER Y DIVIDIR ALIANZAS DEMONÍACAS

Rompo y divido toda alianza demoníaca en
contra de mi vida, en el nombre de Jesús.

Desato la confusión sobre toda alianza
demoníaca dirigida en contra de mi vida, mi
familia y mi iglesia, en el nombre de Jesús.

Divide y dispersa a los que se han unido en mi contra.

Ato y reprendo todo refuerzo demoníaco
enviado por Satanás para atacar mi vida.

Que los espíritus que gobiernan estas alianzas sean
como Oreb, Zeeb, Zeba y Zalmuna (Salmo 83:5–11).

Oh, Dios mío, hazlos como torbellinos, como
hojarascas ante el viento (Salmo 83:13).

Persíguelos con tu tempestad y atérralos
con tu torbellino (Salmo 83:15).

Que queden afrentados y turbados para siempre, que
sean deshonrados y que perezcan (Salmo 83:17).

Desata la confusión y que se ataquen los unos a los
otros, en el nombre de Jesús (2 Crónicas 20:23).

ORACIONES SOBRE LOS LUGARES ALTOS

Señor, tú creaste los lugares altos para tu gloria,
no dejes que el enemigo los controle.

Ato al príncipe de la potestad del aire (Efesios 2:2).

Ato a los poderes de las tinieblas que quieran controlar
las ondas radiales para transmitir suciedad violencia y
hechicería a través de los medios, en el nombre de Jesús.

Tomo autoridad sobre los príncipes de los medios,
en el nombre de Jesús (Daniel 8:20).

Ato a la maldad espiritual en los lugares altos (Efesios 6:12).

Señor, destruye a los ídolos en los
lugares altos (Levítico 26:30).

Derribo los lugares altos del enemigo (Números 33:52).

Soy un rey y derribo los lugares altos, en
el nombre de Jesús (2 Reyes 18:4).

Retiro a los nehustán (objetos antiguos de Dios que habían
sido hechos ídolos) de los lugares altos (2 Reyes 18:4).

Retiro los espíritus religiosos de los
lugares altos (2 Reyes 23:8).

Que el lugar alto de Tofet sea destruido
(Jeremías 7:31).

Que tu fuego santo queme los lugares altos.

Que los lugares altos de la brujería sean destruidos,
en el nombre de Jesús (2 Crónicas 28:4).

Destruye toda la adoración falsa en los
lugares altos (2 Crónicas 28:25).

Que los lugares saltos sean purificados
mediante tu unción (2 Crónicas 34:3).

Retira todo ministerio falso de los
lugares altos (1 Reyes 12:31).

Retira a todos los dioses extraños de los
lugares altos (2 Crónicas 14:3).

Retira todo altar satánico erigido en los
lugares altos (2 Crónicas 14:3).

Que todos los lugares altos establecidos por
un gobernante impío sean destruidos, en
el nombre de Jesús (2 Reyes 23:19).

Que todos los lugares altos de Baal sean
derribados (Jeremías 19:5).

Profetizo hacia los lugares altos de la antigüedad
y despojo al enemigo (Ezequiel 36:1–3).

Que los hombres justos con tu sabiduría se
sienten en los lugares altos del gobierno de
mi ciudad y nación (Proverbios 9:3).

Caminaré en los lugares altos
(Habacuc 3:19).

Que todo lugar alto de maldad que no haya sido
derribado sea derribado (1 Reyes 15:14).

Hazme subir sobre las alturas de la tierra y comer de los frutos del campo, hazme chupar la miel de la peña y el aceite del duro pedernal (Deuteronomio 32:13).

Que todos los lugares altos edificados por mis ancestros sean derribados (2 Reyes 18:4).

Que los altares que destruyeron nuestros padres espirituales no sean reedificados (2 Crónicas 33:3).

Que los lugares altos sean desolados (Ezequiel 6:6).

Huello sobre los lugares altos de los malvados (Deuteronomio 33:29).

Rompo el poder de todo sacrificio hecho en los lugares altos (1 Reyes 3:2).

Camino en el espíritu de Josías para lidiar con los lugares altos (2 Crónicas 34:3).

Señor, abre ríos en las alturas (Isaías 41:18).

ORACIONES SOBRE LAS PUERTAS

Permíteme poseer la puerta del enemigo por medio de Jesús (Génesis 22:17).

Establece las puertas de alabanza en mi vida (Isaías 60:18).

Desato arietes contra las puertas del infierno (Ezequiel 21:22).

Las puertas del infierno no prevalecerán en contra mía (Mateo 16:18).

Que las puertas de mi vida y de mi ciudad sean abiertas para el Rey de gloria (Salmo 24:7).

Abre para mí las puertas de justicia para que pueda entrar (Salmo 118:19).

Fortifica los cerrojos de mis puertas (Salmo 147:13).

Rompe las puertas de bronce y haz pedazos los cerrojos de hierro (Isaías 45:2).

Abre ante mi las puertas para que pueda
entrar y recibir los tesoros escondidos y los
secretos muy guardados (Isaías 45:1–3).

Reprendo a todo enemigo en las puertas (Salmo 127:5).

Que todas las puertas de mi vida y mi ciudad
sean reparadas por medio del Espíritu Santo.

Que la puerta del valle sea reparada (Nehemías 2:13).

Que la puerta de la fuente (que representa el fluir
del Espíritu Santo) sea reparada (Nehemías 2:14).

Que la puerta de las ovejas (que representa lo
apostólico) sea reparada (Nehemías 3:1).

Que la puerta del pescado (que representa al
evangelismo) sea reparada (Nehemías 3:3).

Que la puerta vieja (que representa los movimientos
del pasado) sea reparada (Nehemías 3:6).

Que la puerta del muladar (que representa la
liberación) sea reparada (Nehemías 3:14).

Que la puerta de las aguas (que representa la enseñanza
y la predicación) sea reparada (Nehemías 3:26).

Que la puerta del este (que representa la gloria) sea
reparada (Nehemías 3:29, Ezequiel 43:1–2).

Que las aguas fluyan desde el umbral de la
puerta a mi vida, pasando por mis tobillos,
mis lomos y mi cuello (Ezequiel 47:1–5).

Pon piedras de carbunclo en mis puertas (Isaías 54:12).

Mis puertas estarán de continuo abiertas
para recibir bendiciones (Isaías 60:11).

Ordeno que la puerta del norte, del sur, del este y del
oeste en mi ciudad sean abiertas para el Rey de gloria.

Reprendo a todo enemigo que apostado en las
puertas trate de evitar que entre la salvación.

Oro porque los guardas apostólicos de las
puertas se levanten y tomen su lugar en
mi ciudad (Lamentaciones 5:14).

Que las puertas de mi vida y de mi ciudad sean
cerradas a la impureza, la brujería, las drogas, la
perversión y la maldad, en el nombre de Jesús.

Oro porque las puertas de entrada en mi nación se
vuelvan puertas de justicia y no de iniquidad.

Señor, levanta iglesias que, como Bet-el,
sean puerta del cielo (Génesis 28:17).

Señor, levanta iglesias apostólicas que actúen
como puertas para permitir la entrada de tu
presencia y de tu revelación a mi región.

Oraciones contra ídolos

Que todo ídolo en mi vida o mi nación sea destruido
y quemado con tu fuego (1 Reyes 15:13).

Señor, destruye todos los ídolos de
la tierra (2 Crónicas 34:7).

Que los espíritus familiares, los magos y los ídolos
sean sacados de la tierra (2 Reyes 23:24).

Confunde a los ídolos y quiebra las
imágenes (Jeremías 50:2).

Que los hombres arrojen sus ídolos y se
vuelvan a ti, oh Señor (Isaías 31:7).

Renuncio a toda idolatría en mi linaje y
rompo toda maldición de idolatría, en el
nombre de Jesús (2 Reyes 21:21).

Señor, saca los nombres de los ídolos
de la tierra (Zacarías 13:2).

Me guardaré de los ídolos (1 Juan 5:21).

Quita totalmente a los ídolos de mi país
y de las naciones (Isaías 2:18).

Señor, expón a todos los ídolos como
vanas mentiras (Zacarías 10:2).

Renuncio a toda codicia; no serviré a
lo terrenal (Colosenses 3:5).

Que Babilonia, la madre de las rameras y las abominaciones
de la tierra, caiga, en el nombre de Jesús (Apocalipsis 17:5).

Señor, limpia de la tierra la contaminación
de los ídolos (Hechos 15:20).

Rocía agua limpia sobre mí y límpiame de toda
suciedad y de todo ídolo (Ezequiel 36:25).

No me dejes errar detrás de ningún ídolo (Ezequiel 44:10).

Que los dioses falsos y los ídolos (incluyendo humanos)
sean eliminados de mi vida, en el nombre de Jesús.

No tendré otros dioses delante de ti, Señor (Éxodo 20:3).

ORACIONES PARA DESTRUIR LA OPRESIÓN

Reprendo y echo fuera todo espíritu que intente
oprimirme, en el nombre de Jesús.

Jesús, tú anduviste haciendo el bien y sanando a
todos los oprimidos por el diablo (Hechos 10:38).

Retiro todo el poder a los espíritus que
buscan oprimirme (Eclesiastés 4:1).

Reprendo y echo fuera todo espíritu de pobreza
que busque oprimirme (Eclesiastés 5:8).

Echo fuera todo espíritu de locura y confusión que intente
oprimir mi mente, en el nombre de Jesús (Eclesiastés 7:7).

Señor, fortaléceme en contra de todos
mis opresores (Isaías 38:14).

Señor, tú eres mi refugio de los que me oprimen (Salmo 9:9).

Libérame de los malvados que me oprimen y de los enemigos mortales que me rodean (Salmo 17:9).

Libérame de los opresores que buscan mi vida (Salmo 54:3).

Aplasta al opresor (Salmo 72:4).

Reprendo y echo fuera todo espíritu de aflicción y menoscabo y cualquier cosa que busque desanimarme, en el nombre de Jesús (Salmo 107:39).

No me abandones a mis opresores (Salmo 119:121).

Que los soberbios no me opriman (Salmo 119:122).

Libérame de la violencia de los hombres (Salmo 119:134).

Gobierno sobre mis opresores (Salmo 14:2).

Que los opresores sean consumidos en la tierra (Isaías 16:4).

Reprendo la voz del opresor, en el nombre de Jesús (Salmo 55:3).

Estoy establecido en la justicia y estoy lejos de la opresión (Isaías 54:14).

Castiga a quienes busquen oprimirme (Jeremías 30:20).

El enemigo no tomará mi herencia mediante la opresión (Ezequiel 46:18).

Haz justicia en contra de mis opresores (Salmo 146:7).

PARA ROMPER EL PODER DE LA ESQUIZOFRENIA Y EL DOBLE ÁNIMO

(Basado en la revelación de la esquizofrenia de Ida Mae Hammond)

Ato y reprendo a todo espíritu que intente distorsionar, perturbar o desintegrar el desarrollo de mi personalidad, en el nombre de Jesús.

Rompo toda maldición de esquizofrenia y de doble ánimo en mi familia, en el nombre de Jesús.

Ato y reprendo el espíritu de doble ánimo,
en el nombre de Jesús (Santiago 1:8).

Ato y tomo autoridad sobre los hombres fuertes del
rechazo y la rebelión y los separo, en el nombre de Jesús.

Ato y echo fuera a los espíritus del rechazo, del miedo
al rechazo y el autorechazo, en el nombre de Jesús.

Ato y echo fuera todo espíritu de lujuria,
de fantasías lujuriosas, de promiscuidad y
perversidad, en el nombre de Jesús.

Ato y echo fuera todo espíritu de inseguridad
y de inferioridad, en el nombre de Jesús.

Ato y echo fuera todo espíritu de autoacusación y
confesión compulsiva, en el nombre de Jesús.

Ato y echo fuera todo espíritu de miedo al
rechazo, autocompasión, falsa compasión y falsa
responsabilidad, en el nombre de Jesús.

Ato y echo fuera todo espíritu de culpa, condenación,
indignidad y vergüenza, en el nombre de Jesús.

Ato y echo fuera todo espíritu de perfeccionismo,
soberbia, vanidad, egolatría, intolerancia, frustración
e impaciencia, en el nombre de Jesús.

Ato y echo fuera todo espíritu de injusticia, alejamiento,
berrinche, irrealidad, fantasía, de soñar despierto y
de imaginación vívida, en el nombre de Jesús.

Ato y echo fuera todo espíritu de timidez, vergüenza,
soledad y sensibilidad, en el nombre de Jesús.

Ato y echo fuera todo espíritu de extroversión excesiva,
nerviosismo, tensión y miedo, en el nombre de Jesús.

Ato y echo fuera todo espíritu de testarudez,
egoísmo y terquedad, en el nombre de Jesús.

Ato y echo fuera al espíritu de acusación,
en el nombre de Jesús.

Ato y echo fuera todo espíritu de ilusión, engaño y
seducción contra mí mismo, en el nombre de Jesús.

Ato y echo fuera todo espíritu de juicio, soberbia e
insolencia y todo lo que impida que sea receptivo
a la enseñanza, en el nombre de Jesús.

Ato y echo fuera todo espíritu de control y
posesividad, en el nombre de Jesús.

Ato y echo fuera la raíz de la amargura,
en el nombre de Jesús.

Ato y echo fuera todos los espíritus de odio,
resentimiento, violencia, homicidio, rencor,
enojo y represalia, en el nombre de Jesús.

Ato y echo fuera a los espíritus de paranoia,
sospecha, desconfianza, persecución, confrontación
y miedo, en el nombre de Jesús.

ORACIONES Y DECLARACIONES PARA ROMPER CON LOS PODERES DE LAS TINIEBLAS

Que los asirios sean quebrantados en mi tierra (Isaías 14:25).

Quebranta las puertas de bronce y corta
los cerrojos de hierro (Isaías 45:2).

Quiebro todo yugo de mi cuello y rompo todas mis
ataduras, en el nombre de Jesús (Jeremías 30:8).

Quebrántalos con vara de hierro y desmenúzalos
como vasija de alfarero (Salmo 2:9).

Quebranta el brazo del malvado (Salmo 10:15).

Quiebra los dientes en sus bocas, quiebra los
dientes de los leoncillos (Salmo 58:6).

Aplasta al opresor (Salmo 72:4).

Que los brazos de los malvados sean
quebrantados (Salmo 37:17).

Que los cuernos de los malvados sean
quebrados (Daniel 8:8).

Que los fundamentos de los malos sean
quebrantados (Ezequiel 30:4).

Que los reinos de Babilonia sean
quebrantados (Jeremías 51:58).

Que todos los arcos de los malvados sean
quebrantados (Salmo 37:14).

Quebranto caballos y jinetes (Jeremías 51:21).

Quebranto el carro y al que en él suba (Jeremías 51:21).

Quebranto a jefes y a príncipes (Jeremías 51:23).

Que tu palabra en mi boca sea como martillo
que quebranta la piedra (Jeremías 23:29).

Quebranta toda muralla edificada por el enemigo en
contra de mi vida, en el nombre de Jesús (Oseas 10:2).

Que los ídolos y las imágenes de la tierra sean quebrantadas
con tu poder, oh, Señor (Deuteronomio 7:5).

Rompo y anulo todo pacto demoníaco hecho por mis
antepasados, en el nombre de Jesús (Isaías 28:18).

ORACIONES EN CONTRA DEL ESPÍRITU DE LA DESTRUCCIÓN

Ato y echo fuera al espíritu de Apolión (Abadón),
en el nombre de Jesús (Apocalipsis 9:11).

Soy redimido de la destrucción (Salmo 103:4).

Rompo todas las maldiciones de destrucción en mi
familia y en mi linaje, en el nombre de Jesús.

Renuncio a todo orgullo que pudiera abrir la
puerta a la destrucción (Proverbios 16:18).

Rescata mi alma de la destrucción (Salmo 35:17).

Envía tu palabra y libérame de toda ruina (Salmo 107:20).

El destructor no puede entrar en mi casa o en mi familia, en el nombre de Jesús (Éxodo 12:23).

El destructor no puede tocar mi prosperidad (Job 15:21).

Soy libre de la destrucción que asola al medio día (Salmo 91:6).

No hay violencia ni destrucción en mis tierras (Isaías 60:18).

Entraré por la puerta estrecha y no caminaré por el camino que lleva a la destrucción (Mateo 7:13).

Ato al espíritu del amor al dinero que lleva a la destrucción (1 Timoteo 6:9–10).

Guardo mi boca para evitar la destrucción (Proverbios 18:7).

Ato y reprendo al espíritu de pobreza que lleva a la destrucción (Proverbios 10:15).

Reprendo toda destrucción a mis puertas, en el nombre de Jesús (Isaías 24:12).

PARA CERRAR BRECHAS Y VALLADOS

Cierro toda brecha en mi vida que le pudiera dar acceso a mi vida a Satanás y a los demonios (Eclesiastés 10:8).

Oro porque todo vallado roto en mi vida sea restaurado, en el nombre de Jesús (Eclesiastés 10:8).

Me paro en la brecha y hago el vallado (Ezequiel 22:30).

Me arrepiento y recibo perdón por cualquier pecado que haya abierto la puerta a que un espíritu entre y obre en mi vida (Efesios 4:27).

Reconstruyo el muro y reparo la brecha (Isaías 58:12).

Renuncio a toda perversidad en mi lengua que pudiera hacer una brecha, en el nombre de Jesús (Proverbios 15:4).

Cierra todas mis llagas, oh Señor (Isaías 30:26).

Que las brechas en mis muros sean reparadas,
en el nombre de Jesús (Nehemías 4:7).

Que mis muros sean de salvación y mis
puertas de alabanza (Isaías 60:18).

Oro por un vallado de protección alrededor de mi
mente, mi cuerpo, mis finanzas, mis posesiones
y mi familia, en el nombre de Jesús.

PARA DESTRUIR LOS CALDEROS (OLLAS) DEL MAL

Reprendo y echo fuera toda olla de maldad, en
el nombre de Jesús (Ezequiel 11:11–12).

Reprendo y destruyo toda olla o caldero humeante
que sea removido por el enemigo en contra de
mi vida, ciudad o nación (Job 41:20).

Que todo caldero de maldad de mi ciudad sea
quebrantado, en el nombre de Jesús.

Rompo todo caldero de brujería que sea removido
por brujas y brujos, en el nombre de Jesús.

Señor, visita a todo brujo y bruja en mi nación
y convéncelos de pecado, que se arrepientan,
se vuelvan a ti y sean salvos.

Me libero de la olla hirviente, en el
nombre de Jesús (Ezequiel 24:1–5).

Señor, sácame de en medio de todo caldero (Ezequiel 11:7).

El enemigo no comerá mi carne ni quebrantará mis
huesos ni me pondrá en su caldero (Miqueas 3:3).

Señor, libérame y protégeme de toda olla de maldad,
en el nombre de Jesús (Jeremías 1:13–14).

Señor, libérame de la olla hirviente
de la soberbia (Job 41:31).

PARA DESTRUIR LOS YUGOS Y ALIVIAR LAS CARGAS

Retiro toda carga falsa colocada en mí por personas, líderes o iglesias, en el nombre de Jesús (1 Tesalonicenses 2:6).

Retiro toda carga pesada colocada sobre mi vida por el enemigo, en el nombre de Jesús.

Que tu unción rompa la carga del enemigo de mi cuello y que todo yugo sea destruido (Isaías 10:27).

Quita toda carga de mi hombro (Salmo 81:6).

Echo mi ansiedad sobre el Señor (1 Pedro 5:7).

Echo sobre el Señor mi carga y Él me sustentará (Salmo 55:22).

Señor, quiebra el pesado yugo del enemigo y la vara de su hombro y el cetro del opresor como en el día de Madián (Isaías 9:4).

Que todo yugo de pobreza sea destruido, en el nombre de Jesús.

Que todo yugo de enfermedad sea destruido, en el nombre de Jesús.

Que todo yugo de esclavitud sea destruido, en el nombre de Jesús (Gálatas 5:1).

Que todo yugo desigual sea roto, en el nombre de Jesús (2 Corintios 6:14).

Destruyo todo yugo y carga de religión y legalismo por parte de líderes religiosos en mi vida, en el nombre de Jesús (Mateo 23:4).

Que toda piedra pesada sea echada de mi vida, en el nombre de Jesús (Zacarías 12:3).

Pongo sobre mi vida el yugo y la carga de Jesús (Mateo 11:30).

DESTRUYA LAS FUERZAS DEL ENEMIGO

JESÚS VINO A destruir las obras del diablo (1 Juan 3:8); estas obras son llevadas a cabo por las fuerzas del enemigo. El reino de Satanás consiste en principados, potestades, gobernadores de las tinieblas de este siglo y huestes espirituales de maldad en las regiones celestes. Hay diferentes tipos de demonios y diferentes niveles de maldad. Podemos destruir de mañana a los impíos (Salmo 101:8) y podemos destruir a los que nos aborrecen (Salmo 18:40).

Satanás queda inutilizado cuando sus fuerzas son destruidas, y nosotros tenemos la autoridad para atar al fuerte y quitarle sus armas. El pueblo de Israel fue enviado a Canaán a destruir a diversas naciones, mismas que son imagen de los reinos que poseían la tierra, cada uno de los cuales representaba un tipo diferente de fortaleza que Dios quería que su pueblo destruyera.

Los demonios también son representados por diferentes criaturas, pues la diversidad del reino animal es una imagen de la diversidad en el reino de las tinieblas. Por ejemplo, la Biblia habla de serpientes, escorpiones, leones, chacales, becerros, zorros, lechuzas, serpientes marinas, moscas y perros. Estos representan diversos tipos de espíritus malignos que obran para destruir a la humanidad, son invisibles a los ojos físicos, pero, no obstante, son igual de reales que las criaturas naturales.

Siempre debemos recordar que hay más con nosotros que en contra nuestra, las fuerzas de la luz son, por mucho, superiores a las de la oscuridad. Jesús es el Señor de los ejércitos y los ejércitos del cielo están luchando con los de la tierra. Desatar a los ejércitos angélicos es una estrategia importante en la guerra.

Podemos destruir y acabar con las fuerzas de las tinieblas en los cielos, en la tierra, en el mar y por debajo de la tierra. Estas fuerzas pueden obrar a través de personas, gobiernos, sistemas económicos, sistemas educativos y diferentes estructuras establecidas por los hombres. Estas fuerzas pueden obrar desde diferentes ubicaciones y en diferentes territorios.

Los ídolos que adoran los hombres están hechos a la imagen de hombres, de bestias, de cuadrúpedos, de aves y de reptiles, y detrás de los ídolos hay demonios, los cuales son espíritus malignos que se manifiestan mediante las imágenes (ídolos), quienes, además, eran caracterizados como masculinos y femeninos. Las naciones adoraban dioses y diosas, y Jezabel es un ejemplo de un principado femenino.

La Biblia utiliza palabras fuertes en lo relativo a la guerra, algunas de las cuales son:

- *Abolir:* quitar por completo, cortar, atravesar (Isaías 2:18; 2 Timoteo 1:10).
- *Vencer:* derrotar, atacar, moler, turbar, deshacer, medrar, aterrar (Jueces 9:45; 2 Reyes 13:25; Salmo 18:42; Isaías 27:12; Jeremías 46:5).
- *Quebrantar:* quebrar, cortar, desmenuzar, desposeer, aplastar, hacer pedazos, romper (Éxodo 34:13; Levítico 26:19; Salmo 2:9; 10:15; 58:6; 72:4; Eclesiastés 3:3; Isaías 45:2; Jeremías 28:4; Daniel 2:40).
- *Echar abajo:* derribar, librar con espada, cesar, echar por tierra, arrojar, humillar, hacer caer, pisotear, arrojar al infierno (Jueces 6:28, 30; Salmo 17:13; 89:44; 102:10; 147:6; Isaías 28:2; Jeremías 8:12; Daniel 7:9; 8:10; 2 Corintios 4:9; 10:5; 2 Pedro 2:4).
- *Echar fuera:* ocupar sacando a los dueños anteriores y poseer su lugar, arrojar, echar, echar delante de, vomitar, lanzar fuera (Éxodo 34:24; Levítico 18:24; Deuteronomio

6:19; 1 Reyes 14:24; 2 Reyes 16:3; Job 20:15; Salmo 5:10; Mateo 12:28; Marcos 6:13; Lucas 9:40; Juan 12:31; Apocalipsis 12:9).

- *Perseguir:* seguir con una intención hostil, hacer huir, ahuyentar (Levítico 26:7–8; Deuteronomio 32:30; Salmo 18:37; 35:3; Isaías 17:13).

- *Confundir:* avergonzar, afrentar, turbar, avergonzar (Salmo 35:4, 26; 40:14; 70:2, 13, 24; 83:17; 97:7; 109:29; 129:5; Jeremías 17:18; 50:2).

- *Consumir:* perecer, disipar como humo, dejar de ser, matar (Deuteronomio 7:16, 22; Salmo 37:20; 71:13; 104:35; 2 Tesalonicenses 2:8; Hebreos 12:29).

- *Contender:* entrar en guerra, tener contienda, defender, reprender (Deuteronomio 2:24; Isaías 41:12; 49:25; Jeremías 12:5; Judas 9).

- *Destruir:* desechar, abominar, castigar, derribar, asolar, desarraigar, exterminar, hacer temblar, arrancar, arruinar, matar, deshacer (Levítico 26:30, 44; 20:17; 31:3; Salmo 5:6, 10; 18:40; 21:10; 28:5; 52:5; 55:9; 74:8; 101:8; 144:6; Proverbios 15:25; Isaías 23:11; Jeremías 1:10; Mateo 21:41; Marcos 1:24; 9:22; Juan 10:10; 1 Juan 3:8).

- *Pelear:* disputar, contender, combatir (Éxodo 14:14; 17:9; Deuteronomio 1:30; Josué 10:25; Jueces 1:1, 3, 9; Salmo 35:1; 144:1; Daniel 10:20; 1 Timoteo 6:12; 2 Timoteo 4:7; Hebreos 10:32).

- *Prevalecer:* levantarse, fortalecerse, esforzarse, (2 Crónicas 14:11; Salmo 9:19; Isaías 42:13; Mateo 16:18).

- *Herir:* matar a filo de espada, tomar, asolar, (Números 25:17; Deuteronomio 13:15; Josué 7:3; Jueces 20:31; 1 Samuel 15:3; Isaías 19:22; Jeremías 43:11; Hechos 7:24; Apocalipsis 11:6).

- *Luchar:* contender, combatir (Génesis 30:8; 32:24; Efesios 6:12).

La Biblia contiene muchas palabras que hablan de guerra, la Biblia está llena de guerras y la historia del hombre ha sido determinada por ellas. Juan vio guerra en los cielos entre Miguel y Satanás y sus respectivos ángeles (Apocalipsis 12:7). Para las guerras, se necesitan guerreros, los cuales deben tener la tenacidad suficiente para vencer a sus enemigos. Recuerde, Dios adiestra nuestras manos para la batalla y nuestros dedos para la guerra (Salmo 144:1).

ORACIONES EN CONTRA DE PRÍNCIPES DEMONÍACOS

Señor, tú has echado fuera y vencido al príncipe de este mundo (Juan 12:31).

Tú has despojado a los principados y potestades y los has exhibido públicamente (Colosenses 2:15).

Ato al príncipe de la potestad del aire, en el nombre de Jesús (Efesios 2:2).

Ato y reprendo a Belcebú, el príncipe de los demonios (Mateo 12:24).

Ato a los principales y potestades en mi región, en el nombre de Jesús (Efesios 6:12).

Ordeno a los principados y potestades de mi región que se sienten en tierra, en el nombre de Jesús (Jeremías 13:18).

Señor, libera a tus ángeles guerreros en contra de los príncipes demoníacos (Daniel 10:20).

Derrota a los príncipes como en el pasado (Josué 13:21).

Que se consuma la iniquidad de todo príncipe profano y retira la corona de su cabeza (Ezequiel 21:25–26).

Lleva despojados a los príncipes y trastorna a los poderosos (Job 12:19).

Haz a sus capitanes como a Oreb y Zeeb y como a Zeba y Zalmuna, y a todos sus príncipes (Salmo 83:11)

Esparce menosprecio entre los príncipes
demoníacos (Salmo 107:40).

Corta el espíritu de los príncipes (Salmo 76:12).

Reprendo y ato a todo príncipe que hable
en contra mía (Salmo 119:23).

Reprendo y ato a todo príncipe que
me persiga (Salmo 119:161).

Haz nada a los príncipes (Isaías 34:12).

Castiga a los príncipes con tu poder (Sofonías 1:8).

ORACIONES EN CONTRA DEL LEVIATÁN Y LOS ESPÍRITUS DEL MAR

Oh Señor, quebranta las cabezas de
monstruos en las aguas (Salmo 74:13).

Corta la cabeza de toda hidra, en el nombre de Jesús.

Magulla las cabezas del leviatán (Salmo 74:14).

Castiga con tu espada dura, grande y fuerte al leviatán
serpiente veloz, y al leviatán serpiente tortuosa (Isaías 27:1).

Mata al dragón que está en el mar. (Isaías 27:1).

Rompo de mi vida toda maldición de orgullo
y del leviatán, en el nombre de Jesús.

Arranca las escamas del leviatán (Job 41:15).

Quita la fuerza de la espalda del leviatán (Salmo 18:40).

Rompe el corazón de piedra del leviatán
y hazlo pedazos (Job 41:24).

Rompe los dientes del leviatán y abre las
puertas de su rostro (Job 41:15).

Pon soga en la nariz del leviatán, echa cuerda en su
lengua y horada con garfio su quijada (Job 41:1–2).

Señor, tú gobiernas el mar y las aguas con tu fuerza.

No dejes que ningún agua de mal inunde mi vida.

A tu reprensión quedan al descubierto los
cimientos del mundo (Salmo 18:15).

Reprende a los demonios soberbios
y malditos (Salmo 119:21).

Ato a todo monstruo marino que quiera atacar mi vida o
mi región, en el nombre de Jesús (Lamentaciones 4:3).

Derriba a los demonios altaneros con tu poder.

Derriba a los demonios soberbios que se han
exaltado a sí mismos en contra de tu pueblo.

Dispersa a los soberbios en la imaginación de sus corazones.

Dios, tú resistes a los soberbios, tu poder está en
contra de quienes se han rebelado en tu contra.

No venga pie de soberbia contra mí (Salmo 36:11).

Destruye la corona de la soberbia (Isaías 28:1).

Quebranta a Rahab como a herido de muerte; con tu
brazo poderoso esparce a tus enemigos (Salmo 89:10).

Que leviatán no me oprima (Salmo 119:122).

Oh Señor, da el pago al leviatán (Salmo 94:2).

Que no pasen sobre mi alma las aguas
impetuosas (Salmo 124:5).

Reprendo y destruyo toda trampa que el diablo
haya preparado para mí (Salmo 140:5).

Que los espíritus soberbios tropiecen
y caigan (Jeremías 50:32).

Quebranta la soberbia del orgullo del
leviatán (Levítico 26:19).

Despiértate, despiértate, vístete de poder, oh
brazo del Señor. Ordeno a los siervos de Rahab
que se inclinen ante el Señor (Isaías 51:9).

No venga pie de soberbia contra mí (Salmo 36:11).

Arranco las escamas del leviatán y le quito
su armadura (Job 41:15; Lucas 11:22).

Derrama el ardor de tu ira y abate al leviatán (Job 40:11).

Hiere con tu entendimiento al leviatán (Job 26:12).

Mira al leviatán y humíllalo, quebrántalo
en su sitio (Job 40:12).

Reprende a los toros de Basán (Salmo 22:12).

Que los fuertes sean derribados, que aúllen
los encinos de Basán (Zacarías 11:2).

Haz a tu pueblo volver de Basán, trae a tu pueblo
de las profundidades del mar (Salmo 68:22).

Hiere a Basán y al reino de Og (Salmo 135:10–11).

Ato y echo fuera a todo espíritu de control mental
del pulpo y del calamar, en el nombre de Jesús.

Que se sequen las profundidades de las aguas y destruye
todo espíritu de leviatán (Job 41:31; Isaías 44:27).

En el nombre de Jesús agoto sus ríos, sus
mares y sus manantiales (Isaías 19:5).

Pido sequedad sobre las aguas del leviatán
(Jeremías 50:38; Jeremías 51:36).

ORACIONES EN CONTRA DE JEZABEL

Desato a los perros del cielo en contra
de Jezabel (1 Reyes 21:23).

Reprendo y ato a los espíritus de brujería,
lujuria, seducción, intimidación, idolatría y
promiscuidad conectados con Jezabel.

Desato el espíritu de Jehú en contra de Jezabel
y sus cohortes (2 Reyes 9:30–33).

Ordeno que Jezabel sea echada abajo y comida por los perros del cielo.

Reprendo a todo espíritu de falsa enseñanza, falsa profecía, idolatría y perversión que están conectados con Jezabel (Apocalipsis 2:20).

Desato la tribulación en contra del reino de Jezabel (Revelaciones 2:22).

Rompo con la misión de Jezabel en contra de los ministros de Dios (1 Reyes 19:2).

Corto y quebranto el poder de toda palabra dicha por Jezabel en contra de mi vida.

Parto la mesa de Jezabel y rechazo toda comida de ella (1 Reyes 18:19).

Corto y me libero de todas las maldiciones y espíritus de Jezabel que obren en mi linaje.

Corto la misión de Jezabel y de sus hijas de corromper a la iglesia.

Reprendo y hiero al espíritu de Atalía que intenta destruir la descendencia real (2 Reyes 11:1).

Me levanto contra el espíritu de Herodías y destruyo su misión de matar a los profetas (Marcos 6:22–24).

Reprendo y destruyo todo espíritu de fornicación (Oseas 4:12).

Reprendo y destruyo a Jezabel y a su brujería, en el nombre de Jesús (2 Reyes 9:22).

Reprendo y echo fuera a la ramera y madre de las hechicerías y quebranto su poder sobre mi vida y mi familia (Nahum 3:4).

Destruiré las hechicerías de las manos (Miqueas 5:12).

Venzo a Jezabel y recibo poder sobre las naciones (Apocalipsis 2:26).

PARA LIDIAR CON LOS ESPÍRITUS DEL DESIERTO

Hablo a todo desierto en mi vida o en mi
ministerio, en el nombre de Jesús.

Ato y echo fuera todo espíritu del desierto
enviado en contra de mi vida.

Ato y echo fuera todo espíritu del búho del desierto, el zorro
del desierto, el dragón del desierto, la hiena del desierto y el
buitre del desierto, en el nombre de Jesús (Isaías 34:11–15).

Ato y echo fuera todo espíritu de escorpión de miedo y de
tormento, en el nombre de Jesús (Deuteronomio 8:15).

Ato y reprendo a la lechuza, en el
nombre de Jesús (Isaías 34:14).

Ato y echo fuera a todo chacal, en el
nombre de Jesús (Ezequiel 13:15).

No viviré en el yermo, sino en una
tierra provechosa (Isaías 35:1).

Mi desierto florecerá como una rosa y traerá
frutos abundantes (Isaías 35:1).

Deja fluir el agua en mi soledad y torrentes
en el desierto (Isaías 35:6).

Que fluyan aguas en mis desiertos (Isaías 43:20).

Reprendo a toda fiera del desierto, a toda criatura
lúgubre, a todo sátiro y a todo dragón para que
no obren en mi vida (Isaías 13:21–22).

Que tu voz haga temblar todo desierto
en mi vida (Salmo 29:8).

Que la grosura destile sobre mis desiertos (Salmo 65:11–12).

Que los espíritus del desierto se postren
y laman el polvo (Salmo 72:9).

Reprendo a todo pelícano y búho del desierto (Salmo 102:6).

Vuelve el desierto en estanques de agua y la
tierra seca en manantiales (Salmo 107:35).

Abre ríos en las alturas y fuentes en medio de los
valles; abre en mi desierto estanques de aguas, y
manantiales de aguas en mi tierra seca. (Isaías 41:18).

Da en el desierto cedros, acacias, arrayanes y olivos; pon en
la soledad cipreses, pinos y bojes juntamente (Isaías 41:19).

Renuncio a toda rebelión que pudiera abrir mi
vida a los espíritus del desierto (Salmo 68:6).

Rompo toda maldición por confiar en el hombre que pudiera
abrir mi vida a los espíritus del desierto (Jeremías 17:5–6)

Profetizo a todo hueso seco en mi vida y le
ordeno que tenga vida (Ezequiel 37:1–4).

Mi tierra nunca más se llamará desolada sino que será
llamada Hefzi-bá, y mi tierra, Beula (Isaías 62:4).

Haz todos mis yermos como el Edén y mis desiertos
como el jardín del Señor (Salmo 51:3).

Que toda desolación en mi vida o mi linaje sea
levantada, en el nombre de Jesús (Isaías 61:4).

Revíveme y repara toda desolación en mi vida (Esdras 9:9).

ORACIONES EN CONTRA DE LOS JINETES DEMONÍACOS

Que el jinete y el caballo sean echados al mar (Éxodo 15:1).

Quebranto caballos y jinetes, quebranto el carro
y al que en él suba (Jeremías 51:21).

Desato la espada del Señor sobre los caballos
y los carros (Jeremías 50:37).

Mataré a los caballos de en medio de ti, y haré destruir
los carros, en el nombre de Jesús (Miqueas 5:10).

Trastorno los carros y a los que en ellos suben, echo abajo a los caballos y a sus jinetes (Hageo 2:22).

Avergüenza a los que cabalgan en caballos (Zacarías 10:5).

Que sean mordidos los talones de los caballos y que los jinetes caigan hacia atrás (Génesis 49:17).

Que el carro, el caballo, el ejército y la fuerza caigan juntamente para no levantarse (Isaías 43:17).

Que a tu reprensión el carro y el caballo sean entorpecidos, oh Señor (Salmo 76:6).

Intimida al caballo como a langosta (Job 39:19–20).

Enciende y reduce a humo a los carros y a los jinetes (Nahum 2:13).

Hiere con pánico a los caballos, con locura y ceguera a los jinetes, oh Señor (Zacarías 12:4).

Ato y reprendo a todo caballo negro que venga en mi contra, en el nombre de Jesús (Apocalipsis 6:5).

Ato y reprendo a todo caballo bermejo que venga en mi contra, en el nombre de Jesús (Apocalipsis 6:4).

Ato y reprendo a todo caballo amarillo que venga en mi contra, en el nombre de Jesús (Apocalipsis 6:8).

Retira la fuerza de los jinetes demoníacos, en el nombre de Jesús (Job 39:19).

Que los caballos sean destruidos por tu poder, oh Señor (2 Samuel 8:4).

Soy tu caballo de honor en el día de la batalla (Zacarías 10:3).

ORACIONES EN CONTRA DE LOS ESPÍRITUS DEL VALLE

Ato y echo fuera a todo espíritu que intente mantenerme en un llano, en el nombre de Jesús.

Rompo los carros de los enemigos del valle,
en el nombre de Jesús (Jueces 1:19).

Reprendo y echo fuera a los cuervos del valle,
en el nombre de Jesús (Proverbios 30:17).

Señor, tú eres Dios de los valles, echa fuera a todo espíritu
del valle, en el nombre de Jesús (1 Reyes 20:28).

Exáltame y hiere con tu poder a los
espíritus del valle (2 Samuel 8:13).

Ato y reprendo a todo Goliat que quiera
desafiarme en el valle (1 Samuel 17:1-4).

Que todos los gigantes del valle sean destruidos (Josué 15:8).

Lucha en contra de los espíritus del valle y que mis
enemigos sean vengados en el valle (Josué 10:12-14).

Que todo Acán que haya en mi vida sea
destruido en el valle (Josué 7:24-26).

Me desato de todo espíritu de Dalila que
obre en el valle (Jueces 16:4).

Que todos mis valles sean bendecidos, en el
nombre de Jesús (2 Crónicas 20:26).

Abre una puerta de esperanza en todos
mis valles (Oseas 2:15).

Destruye a todo espíritu edomita en el valle,
en el nombre de Jesús (2 Reyes 14:7).

Que el agua fluya a todo valle de mi vida (Joel 3:18).

Que todo valle en mi vida sea exaltado (Lucas 3:5).

Hiero a Amalec y lo destruyo en el valle (1 Samuel 15:3-5).

Hiero a todos los madianitas en el valle (Jueces 6:33-34).

PARA LIDIAR CON AVES ESPIRITUALES

Ato y reprendo a toda ave impura y aborrecible
enviada por el enemigo en contra de mi vida,
en el nombre de Jesús (Apocalipsis 18:2).

Ejerzo mi dominio sobre las aves impuras del
aire, en el nombre de Jesús (Salmo 8:8).

Que toda ave espiritual enviada en contra de
mí se enrede en el lazo (Eclesiastés 9:12).

Ato y reprendo todo buitre espiritual, en
el nombre de Jesús (Isaías 34:15).

Ato la obra de la lechuza (monstruo nocturno) en
mi contra, en el nombre de Jesús (Isaías 34:14).

Ato y reprendo al pelícano (que vomita) para que no obre
en contra de mi vida, en el nombre de Jesús (Isaías 34:11).

Ato y reprendo la obra del erizo en contra de mi
vida, en el nombre de Jesús (Isaías 34:11).

Ato y reprendo a todo cuervo enviado en contra de
mi vida, en el nombre de Jesús (Isaías 34:11).

Ato y reprendo a toda águila y halcón demoníaco
enviado en mi contra y ordeno que sus nidos sean
destruidos, en el nombre de Jesús (Job 39:26–30).

Oro porque estos espíritus impuros sean encerrados,
en el nombre de Jesús (Jeremías 5:27).

Ato y reprendo toda ave impura que intente hacer
nido en mi vida, en el nombre de Jesús.

Que toda ave espantada sea echada de su nido,
en el nombre de Jesús (Isaías 16:2).

Que tu presencia ahuyente a toda ave impura
de mi vida (Jeremías 4:25–26).

Que toda ave del cielo que obre en contra de mi vida
sea consumida, en el nombre de Jesús (Sofonías 1:3).

Que estas aves huyan y se vayan a tu
reprensión (Jeremías 9:10).

Déjame andar en el camino de sabiduría que
ningún ave conoce (Job 28:7, 21).

No temeré al terror nocturno y reprendo a todo espíritu de la noche que intente visitarme en la noche (Salmo 91:5).

No estoy en compañía de las lechuzas (Job 30:29).

PARA LIBERAR DE LOS LEONES

Reprendo a todo león que se agache y se encorve para atacarme, en el nombre de Jesús (Génesis 49:9).

Con la fuerza de Dios rompo las quijadas del león y lo despedazo (Jueces 14:5).

Líbrame de la garra del león (1 Samuel 17:37).

Reprendo al león rugiente que me quiera cazar (Job 10:16).

No dejes que el león desgarre mi alma (Salmo 7:2).

Reprendo y exhibo a todo león que me espere en secreto para atraparme (Salmo 10:9).

Reprendo a los leones acechadores, en el nombre de Jesús (Salmo 17:12).

Huello al león, en el nombre de Jesús (Salmo 91:3).

Camino en santidad y ningún león puede morar en mi vida (Isaías 35:9).

Libérame de los hombres que son como leones (1 Crónicas 11:22).

Que los cachorros de león se dispersen (Job 4:11).

Líbrame de la boca del león (Salmo 22:21).

Quiebra los dientes de los leones (Salmo 58:6).

Libra mi alma de los leones (Salmo 57:4).

Líbrame del poder de los leones (Daniel 6:7).

Libérame de la boca del león (2 Timoteo 4:17).

Que el León de la tribu de Judá ruja a través de mí en contra de mis enemigos.

Libérame del poder del león.

PARA LIBERAR DE LAS SERPIENTES

Señor, golpea la cabeza de toda serpiente que
ataque mi vida, en el nombre de Jesús.

Castiga a la serpiente que muerde, en el nombre de Jesús.

Ato y reprendo a toda serpiente que quiera
engañarme (2 Corintios 11:3).

Desato la vara de Dios para que trague a toda serpiente que
venga en mi contra, en el nombre de Jesús (Éxodo 7:12).

Protégeme de las serpientes ardientes (Deuteronomio 8:15).

Ato y reprendo a toda serpiente que quiera enredarse
o enroscarse en mi vida, en el nombre de Jesús.

Ato y reprendo a toda pitón que quiera constreñir
mi vida de oración, en el nombre de Jesús.

Ato y reprendo a toda cobra que quiera venir
en mi contra, en el nombre de Jesús.

Ato y reprendo a toda áspid que quiera venir en
contra mía, en el nombre de Jesús (Isaías 14:29).

Ato y reprendo a toda serpiente voladora que quiera
atacar mi vida, en el nombre de Jesús (Isaías 27:1).

Ato y reprendo a toda serpiente marina que quiera
atacar mi vida, en el nombre de Jesús (Isaías 27:1).

Tengo autoridad para hollar serpientes (Lucas 10:19).

Soy un creyente y tomo en las manos a
las serpientes (Marcos 16:18).

Que el fuego de Dios eche a toda serpiente
de mi vida (Hechos 28:3).

Echo fuera toda serpiente que quiera obrar
en mi vida, en el nombre de Jesús.

PARA LIBERAR DE LAS MOSCAS

Ato y reprendo a Beelzebú, señor de las moscas,
en el nombre de Jesús (Mateo 12:24).

Ato y echo fuera a todas las moscas que quieran afectar mi unción, en el nombre de Jesús (Eclesiastés 10:1).

Ato y reprendo todo enjambre de moscas que quiera venir en mi contra, en el nombre de Jesús (Salmo 78:45).

Ninguna mosca puede vivir en mi vida, en el nombre de Jesús (Éxodo 8:21).

Renuncio y me libero de toda basura espiritual que pudiera atraer a las moscas, en el nombre de Jesús.

Reprendo a toda mosca y toda abeja que quiera venir sobre mi tierra, en el nombre de Jesús (Isaías 7:18).

PARA LIBERAR DE LOS ESPÍRITUS ANIMALES

Soy libre de las fieras del desierto (Isaías 34:14).

Reprendo a los chacales que quieran atacar mi vida, mi ciudad o mi nación, en el nombre de Jesús.

Reprendo a los lobos nocturnos que quieran atacar mi vida, mi ciudad o mi nación, en el nombre de Jesús (Habacuc 1:8).

Reprendo a todo espíritu de cabra como a Pan, al Fauno y al Sátiro, en el nombre de Jesús.

Reprendo a los gatos salvajes, leopardos, leones y jaguares que representan los poderes ocultistas superiores y que quieran atacar mi vida, mi ciudad o mi nación, en el nombre de Jesús.

Reprendo a las hienas que quieran atacar mi vida, mi ciudad o mi nación, en el nombre de Jesús (Isaías 34:14).

Reprendo y ato a todo perro salvaje (que representa la religión falsa, la hechicería y la perversión) que quiera atar mi vida, en el nombre de Jesús (Salmo 22:16).

Ato y reprendo a los toros (que representan una fuerte rebelión), en el nombre de Jesús (Salmo 22:12).

Ordeno a los zorros que quieren destruir mis frutos que se alejen de mi vida, en el nombre de Jesús.

SECCIÓN 5

EXPERIMENTE LIBERACIÓN Y DERRAMAMIENTO

ISRAEL EXPERIMENTÓ MUCHAS liberaciones en su historia, de hecho, la nación de Israel comenzó con una liberación poderosa. El rey David fue librado muchas veces, pues se lo pidió al Señor, y Él lo escuchó (Salmo 34:4). Dios responde los clamores y las oraciones de su pueblo. La liberación de Dios siempre es una señal de su amor y su misericordia. La palabra *salvación* significa liberación, y la Biblia está llena de historias donde es posible ver estas palabras en acción.

Una de las principales revelaciones es la de la autoliberación; nosotros podemos desatarnos a nosotros mismos de cualquier control de las tinieblas (Isaías 52:2) y podemos ejercer poder y autoridad sobre nuestras propias vidas. Jesús nos dijo que sacáramos la viga de nuestro propio ojo (Lucas 6:42). El término *sacar* es la misma palabra que se utiliza cuando se dice *echar* fuera demonios *(ekballo)*.

Asuma la responsabilidad espiritual de su vida, no dependa de los demás para su bienestar espiritual, confiese la Palabra sobre su vida y haga oraciones fuertes que destruyan al enemigo. No permita que la autocompasión lo detenga, siéntase animado a orar, esta es la clave para una vida vencedora.

Quienes han experimentado la liberación es porque han llegado a Jesús o han sido llevados a Él; alguien tenía que tomar la iniciativa, todo comienza con una decisión. No puede permitirse que la pasividad le robe la liberación, usted debe abrir la boca, pues tiene la liberación en la punta de la lengua.

Hay mucha gente frustrada por la vida, personas que luchan que pueden estar abrumadas por las dudas y los fracasos. Algunas personas contienden con la tensión y la presión que con frecuencia los llevan a problemas físicos y emocionales. Jesús pasó una cantidad considerable de tiempo ministrando a los oprimidos y multitudes enteras llegaron a escucharlo para ser sanadas y liberadas de los espíritus malignos.

La liberación es el pan de los niños y todo hijo de Dios tiene el derecho de disfrutar de los beneficios que ella trae como el gozo y la libertad. Hemos visto a miles de creyentes ser liberados de los demonios mediante oraciones de autoridad. La liberación es un ministerio de milagros, mismos que se multiplican a través de la oración de guerra.

Quienes experimentan la liberación y el derramamiento verán cambios notables, los cuales a veces son progresivos y a veces instantáneos; sin embargo el cambio será dramático. Habrá un incremento de gozo, libertad, paz y éxito que tendrá como resultado una vida espiritual mejor con mayor fuerza y santidad.

Se necesita paciencia para ver cambios fuertes. Dios le prometió a Israel que echaría poco a poco al enemigo (Deuteronomio 7:22; Éxodo 23:29–30). Si no entiende este principio se cansará de orar por algunas personas y se sentirá desanimado en su propia libe-ración. Mientras más liberación reciba, más necesitará crecer y poseer su tierra.

Usted tiene la autoridad para atar y desatar (Mateo 18:18). El diccionario Webster define la palabra *atar* como: "Asegurar amarrando; confinar, limitar o restringir *como* con lazos; limitar con autoridad legal; o ejercer un efecto de restricción u obligación". También significa arrestar, aprehender, esposar, tomar cautivo, hacerse cargo de, encerrar, limitar o detener. Se ata mediante una autoridad legal, nosotros tenemos la autoridad legítima, en el nombre de Jesús para atar las obras de las tinieblas.

Las obras de las tinieblas incluyen al pecado, la iniquidad, la perversión, el malestar, la enfermedad, la dolencia, la muerte, la destrucción, las maldiciones, la brujería, la hechicería, la adivinación, la pobreza, la carencia, el conflicto, la lujuria, la soberbia, la rebelión, el miedo, el tormento y la confusión. Nosotros tenemos la autoridad legal para detener todo lo anterior en nuestra vida y en la vida de aquellos a quienes ministramos.

Desatar significa desamarrar, desanudar, desenganchar, desasir, desprender, desunir, divorciar, separar, soltar, escapar, huir, desencadenar, dejar libre, abrir, liberar, desconectar o perdonar.

Las personas necesitan ser desatadas de las maldiciones, las herencias del mal, los espíritus familiares, el pecado, la culpa, la vergüenza, la condenación, el control, la dominación, la manipulación, la intimidación, el control mental, el control religioso, las dolencias, las enfermedades, las enseñanzas falsas, los hábitos pecaminosos, la carnalidad, la mundanalidad, los demonios, la tradición, las ataduras impías, las promesas impías, los pactos impíos, las palabras, los embrujos, los conjuros, los hechizos, los traumas y las sectas. Nosotros tenemos la autoridad legítima, en el nombre de Jesús para deshacernos de las ataduras de estas influencias destructivas, tanto para nosotros mismos como para las personas a quienes ministramos.

ORACIONES PARA LIBERARSE A SÍ MISMO

Rompo toda maldición generacional de orgullo, rebelión, lujuria, pobreza, hechicería, idolatría, muerte, destrucción, fracaso, enfermedad, dolencia, miedo, esquizofrenia y rechazo, en el nombre de Jesús.

Ordeno a todo espíritu generacional y hereditario que obre en mi vida a través de maldiciones que sea atado y echado fuera, en el nombre de Jesús.

Ordeno a todo espíritu de lujuria, perversión, adulterio, fornicación, impureza e inmoralidad que salga de mi carácter sexual, en el nombre de Jesús.

Ordeno a todo espíritu de dolor, rechazo, miedo, enojo, ira, tristeza, depresión, desánimo, abatimiento, amargura y rencor que salga de mis emociones, en el nombre de Jesús.

Ordeno a todo espíritu de confusión, olvido, control mental, enfermedad mental, doble ánimo, fantasía, dolor, soberbia y recuerdos dolorosos que salgan de mi mente, en el nombre de Jesús.

Rompo toda maldición de esquizofrenia y ordeno a todos los espíritus de doble ánimo, rechazo, rebelión y a la raíz de la amargura que salgan, en el nombre de Jesús.

Ordeno a todo espíritu de culpa, vergüenza y condenación que salga de mi conciencia, en el nombre de Jesús.

Ordeno a todo espíritu de orgullo, terquedad, desobediencia, rebelión, obstinación, egoísmo y arrogancia que salgan de mi voluntad, en el nombre de Jesús.

Ordeno a todo espíritu de adicción que salga de mi apetito, en el nombre de Jesús.

Ordeno a todo espíritu de brujería, hechicería, adivinación y ocultismo que salga, en el nombre de Jesús.

Ordeno a todo espíritu que obre en mi cabeza, en mis ojos, en mi boca, en mi lengua y en mi garganta que salga, en el nombre de Jesús.

Ordeno a todo espíritu que obre en mi pecho y mis pulmones que salga, en el nombre de Jesús.

Ordeno a todo espíritu que obre en mi estómago, mi ombligo y mi abdomen que salga, en el nombre de Jesús.

Ordeno a todo espíritu que obre en mi corazón, bazo, riñones, hígado y páncreas que salga, en el nombre de Jesús.

Ordeno a todo espíritu que obre en mis manos, mis brazos, mis piernas y mis pies, que salga, en el nombre de Jesús.

Ordeno a todo espíritu que obre en mis glándulas y sistema endocrino que salga, en el nombre de Jesús.

Ordeno a todo espíritu que obre en mi sangre y sistema
circulatorio que salga, en el nombre de Jesús.

Ordeno a todo espíritu que obre en mis músculos y
sistema muscular que salga, en el nombre de Jesús.

Ordeno a todo espíritu religioso de duda, error,
herejía y tradición que haya entrado por medio de
la religión, que salga, en el nombre de Jesús.

Ordeno a todo espíritu ancestral que llegó por medio
de mis antepasados que salga, en el nombre de Jesús.

Ordeno a todo espíritu escondido en cualquier parte
de mi vida que salga, en el nombre de Jesús.

ORACIONES PARA PEDIR PROSPERIDAD Y DERRAMAMIENTO ECONÓMICO

Rompo toda misión del enemigo en contra de
mi economía, en el nombre de Jesús.

Rompo toda maldición de pobreza, carencia,
duda y fracaso, en el nombre de Jesús.

Busco primero el Reino de Dios y su justicia y todo
lo demás vendrá por añadidura (Mateo 6:33).

Reprendo y echo fuera a los espíritus de la oruga,
el saltón, el revoltón y la langosta que se comen mis
bendiciones, en el nombre de Jesús (Joel 2:25).

Señor, enséñame a sacar provecho y a encaminarme
por el camino que debo de ir (Isaías 48:17).

Tú eres Jehová-Jireh, mi proveedor (Génesis 22:14).

Eres El Shaddai, el Señor que da más que suficiente.

Hay bienes y riquezas en mi casa porque
te temo y me deleito en gran manera en
tus mandamientos (Salmo 112:1–3).

La bendición del Señor sobre mi vida me hace rico.

Soy bendecido en mi entrada y mi salida.

Soy siervo de Dios y Él se complace en
mi prosperidad (Salmo 35:27).

Jesús, tú te hiciste pobre para que por medio de tu
pobreza yo pudiera ser prosperado (2 Corintios 8:9)

Medito en la Palabra de día y de noche, para que
lo que sea que haga, prospere (Salmo 1:3).

Sea la paz dentro de mis muros y el descanso
dentro de mi palacio (Salmo 112:7).

Prosperaré mediante la profecía y el
ministerio profético (Esdras 6:14).

Yo creo a los profetas y prosperaré (2 Crónicas 20:20).

Soy tu siervo, Señor, prospérame (Nehemías 1:11).

El Dios del cielo me prosperará (Nehemías 2:20).

Vivo en la prosperidad del rey (Jeremías 23:5).

Mediante tu favor seré próspero (Génesis 39:2).

Señor, tú me has llamado y tú harás
próspero mi camino (Isaías 48:15).

Oro en lo secreto y tú me recompensarás
en público (Mateo 6:6).

Yo ayuno en lo secreto y tú me recompensarás
en público (Mateo 6:18).

Tú me recompensas porque te busco
con diligencia (Hebreos 11:6).

Señor, derrama la riqueza de los malos
en mis manos (Proverbios 13:22).

Señor, llévame a un lugar de abundancia (Salmo 66:12).

Doy y se me dará en medida buena, apretada,
remecida y rebosando (Lucas 6:38).

Abre las ventanas del cielo sobre mi vida y recibiré
más de lo que puedo almacenar (Malaquías 3:10).

Que toda rotura en mi saco sea cosida, en
el nombre de Jesús (Hageo 1:6).

Reprende al devorador por mí (Malaquías 3:11).

Todas las naciones me llamarán bienaventurado
y seré tierra deseable (Malaquías 3:12).

Mis puertas están abiertas continuamente para que las
riquezas de las naciones entren a mi vida (Isaías 60:11).

Tengo pacto con las piedras del campo (Job 5:23).

Que tus lluvias de bendición caigan
sobre mi vida (Ezequiel 34:26).

Que mis lagares rebosen (Joel 2:24).

Que mis graneros sean llenos con abundancia y mis
lagares rebosen con vino nuevo (Proverbios 3:10).

Manda tu bendición sobre mi granero (Deuteronomio 28:8).

Que mis graneros estén llenos; que mis ganados,
se multipliquen a millares y decenas de millares
en nuestros campos; que nuestros bueyes estén
fuertes para el trabajo (Salmo 144:13–14).

En mi vida, el que ara alcanza al segador, y el
pisador de las uvas al que lleve la simiente; y viviré
continuamente en la cosecha (Amos 9:13).

Que mis eras estén llenas de trigo y mis lagares
rebosen de vino y aceite (Joel 2:24).

Haz maravillas conmigo y déjame comer
hasta saciarme (Joel 2:26).

Da paz a mi territorio y sáciame con lo
mejor del trigo (Salmo 147:14).

Susténtame con miel y con lo mejor del trigo (Salmo 81:16).

Condúceme a la tierra donde fluye leche y miel (Éxodo 3:8).

Llévame a una tierra en la que no me falte nada
y no haya escasez (Deuteronomio 8:9).

Que abunde en mí toda gracia, a fin de que tenga
siempre en todas las cosas todo lo suficiente, y
abunde para toda buena obra (2 Corintios 9:8).

Unge mi cabeza con aceite y que mi
copa rebose (Salmo 23:5).

Dame riquezas, y honor en abundancia (2 Crónicas 18:1).

Que la piedra me derrame ríos de aceite (Job 29:6).

Déjame mojar en aceite mi pie (Deuteronomio 33:24).

Déjame ver tus montones en mi vida (2 Crónicas 31:8).

Amo la sabiduría, tengo mi heredad y mis
tesoros son llenados (Proverbios 8:21).

Las riquezas y la honra están conmigo; riquezas
duraderas, y justicia (Proverbios 8:18).

Haz salir miel de la peña para mí (Salmo 81:16).

Dame de comer de lo mejor del trigo (Salmo 147:14).

Que mis dientes sean blancos como la leche (Génesis 49:12).

Lava mis pasos con leche (Job 29:6).

Que tenga más oro que tierra (Job 22:24).

Que tenga abundancia de plata (Job 28:1).

Que tu río me lleve donde hay oro (Génesis 2:11–12).

Dame la tierra por heredad (Salmo 37:29).

Me niego a dejar ir al ángel de la bendición
sin que me bendiga (Génesis 2:6).

ORACIONES PARA PEDIR SALUD Y SANIDAD

Por las llagas de Jesús soy sano (Isaías 53:5).

Jesús llevó mis enfermedades y mis aflicciones (Mateo 8:17).

Echo fuera a todo espíritu de aflicción que
ataque mi cuerpo, en el nombre de Jesús.

Rompo, reprendo y echo fuera a todo espíritu de cáncer que intente establecerse en mis pulmones, mis huesos, mi pecho, garganta, espalda, columna, hígado, riñones, páncreas, piel o estómago, en el nombre de Jesús.

Reprendo y echo fuera todo espíritu que cause diabetes, presión alta, presión baja, infartos, embolias, fallas en los riñones, leucemia, enfermedades sanguíneas, problemas de respiración, artritis, lupus, Alzheimer o insomnio, en el nombre de Jesús.

Hablo fuerza y sanidad a mis pulmones músculos, articulaciones, órganos, cabeza ojos, garganta, glándulas, sangre, médula, pulmones, riñones hígado, bazo, columna, páncreas, ojos, vejiga, orejas, senos nasales, boca, lengua y pies, en el nombre de Jesús.

Me libero de todo ataque al corazón que tenga raíz en el miedo y ordeno a todo espíritu de miedo que me deje, en el nombre de Jesús (Lucas 21:26).

Me libero de toda diabetes que tenga raíz en el rechazo, el odio a mí mismo, la herencia y la culpa y ordeno a estos espíritus que salgan, en el nombre de Jesús.

Me libero de todo cáncer que tenga raíz en la amargura, la falta de perdón, el resentimiento y la lengua calumniadora y ordeno a estos espíritus que salgan, en el nombre de Jesús.

Me libero de toda esclerosis múltiple que tenga raíz en el odio, la culpa y el rechazo por parte de mi padre y echo fuera a estos espíritus, en el nombre de Jesús.

Me libero de la artritis reumatoide que tenga raíz en el odio a mí mismo y en la baja autoestima y ordeno a estos espíritus que salgan, en el nombre de Jesús.

Me libero del colesterol alto que tenga raíz en el enojo, en la hostilidad, y ordeno a estos espíritus que salgan, en el nombre de Jesús.

Me libero de todo problema de senos nasales que tenga raíz en el miedo y la ansiedad y ordeno a estos espíritus que salgan, en el nombre de Jesús.

Me libero de toda presión arterial alta que tenga raíz en el miedo y la ansiedad y ordeno a estos espíritus que salgan, en el nombre de Jesús.

Me libero del asma que tenga raíz en el miedo a las relaciones, en el nombre de Jesús.

Me libero de un sistema inmunológico debilitado que tenga raíz en un espíritu o un corazón quebrantado y ordeno a estos espíritus que salgan, en el nombre de Jesús.

Me libero de toda embolia que tenga raíz en el autorechazo y la amargura contra mí mismo y ordeno a esos espíritus que salgan, en el nombre de Jesús.

Me libero de toda enfermedad de los huesos que tenga raíz en la envidia y los celos y ordeno a estos espíritus que salgan, en el nombre de Jesús (Proverbios 14:30).

Perdóname, Señor, por permitir al miedo, la culpa el autorechazo, el odio a mí mismo, el rencor, la amargura, el pecado, el orgullo o la rebelión abrieran puertas a alguna enfermedad o dolencia, renuncio a todo esto, en el nombre de Jesús.

Echo fuera a todo espíritu de dolencia que haya entrado en mi vida mediante el orgullo, en el nombre de Jesús.

Echo fuera a todo espíritu de dolencia que haya entrado en mi vida mediante un trauma o accidente, en el nombre de Jesús.

Echo fuera a todo espíritu de dolencia que haya entrado a mi vida mediante el rechazo, en el nombre de Jesús.

Echo fuera a todo espíritu de dolencia que haya entrado en mi vida mediante la hechicería, en el nombre de Jesús.

Dame un corazón fuerte, que es vida para mi carne, quita de mi corazón toda actitud malvada o pecaminosa.

Señor, quita todo dardo de mi hígado
(Proverbios 7:23).

Sáname y líbrame de todos mis dolores,
en el nombre de Jesús.

Reprendo toda enfermedad que quiera venir
a comer mi carne, incluyendo el cáncer, en
el nombre de Jesús (Salmo 27:2).

Que ninguna cosa pestilencial (enfermedad)
se apodere de mi cuerpo (Salmo 41:8).

Rompo toda maldición de malestar y enfermedad
y ordeno a todo espíritu hereditario de
enfermedad que salga (Gálatas 3:13).

Rompo toda maldición de muerte prematura
y de destrucción, en el nombre de Jesús.

Prospero y camino en salud mientras
mi alma prospera (3 Juan 2).

Recibo la Palabra de Dios que es salud
a mi carne (Proverbios 4:22).

Señor, bendice mi pan y mi agua y saca de
mí la enfermedad (Éxodo 23:25).

Ordeno a todo órgano de mi cuerpo que funcione
como Dios lo tiene pensado (Salmo 139:14).

Mis huesos están confortados porque recibo las
buenas nuevas del evangelio (Proverbios 15:30).

Señor, guarda todos mis huesos
(Salmo 34:20).

Que todo tumor o crecimiento maligno se derrita
ante la presencia de Dios (Salmo 97:5).

Que toda infección de mi cuerpo sea
consumida por el fuego de Dios.

Me libero de toda alergia y problema en los
senos nasales, en el nombre de Jesús.

Oro pidiendo que mis arterias y vasos sanguíneos sean abiertos y que mi sistema circulatorio funcione correctamente, en el nombre de Jesús.

Reprendo toda fiebre, en el nombre de Jesús (Lucas 4:39).

Mi carne estará más fresca que la de un niño y regresaré a los días de mi niñez (Job 33:25).

Oro por que mi sistema inmunológico sea fortalecido, en el nombre de Jesús (Salmo 119:28).

Señor, renueva mi juventud como las águilas (Salmo 103:5).

Viviré y no moriré y proclamaré el nombre del Señor (Salmo 118:17).

Sea mi belleza como la del olivo (Oseas 14:6).

Señor, Tú sanas todas mis enfermedades (Salmo 103:3).

Señor, Tú eres la salud de mi alma (Salmo 43:5).

Sáname, oh Señor, y seré sano (Jeremías 17:14).

Que tu virtud toque mi vida y me sane (Lucas 6:19).

Desato el fuego de Dios para que queme toda enfermedad o dolencia que obre en mi cuerpo, en el nombre de Jesús.

Ninguna plaga o enfermedad se acercará a mi morada (Salmo 91:10).

Jesús, levántate sobre mi vida con sanidad en tus alas (Malaquías 4:2).

El Señor es la fuerza de mi vida (Salmo 27:1).

Ordeno a todo germen o enfermedad que toque mi cuerpo, que muera, en el nombre de Jesús.

Tomo el escudo de la fe y apago todo dardo ardiente del enemigo (Efesios 6:16).

Soy redimido de la dolencia y la enfermedad (Gálatas 3:13).

Toda plaga es detenida cuando se aproxime a mí mediante el sacrificio de Jesucristo (Luces 13:12).

Jesucristo me sana (Hechos 9:34).

Formidables y maravillosas son tus obras, que mi cuerpo funcione de la manera maravillosa para la que lo diseñaste (Salmo 139:14).

ORACIONES PARA PEDIR LIBERACIÓN

Guarda mi alma y líbrame (Salmo 25:20).

Agrádate en librarme, oh Señor (Salmo 40:13).

Apresúrate, oh Señor y líbrame (Salmo 70:1).

Líbrame en tu justicia (Salmo 71:2).

Líbrame, oh Dios, de la mano del enemigo (Salmo 71:4).

Libérame de quienes me persiguen (Salmo 142:6).

Redímeme y sácame de las muchas aguas (Salmo 144:7).

Líbrame de la violencia de los hombres (Salmo 119:134).

Líbrame conforme a tu Palabra (Salmo 119:170).

Líbrame del labio mentiroso y de la lengua fraudulenta (Salmo 120:2).

Líbrame de mis enemigos y escóndeme (Salmo 143:9).

Rodéame con cantos de liberación (Salmo 32:7).

Manda liberación a mi vida (Salmo 44:4).

Líbrame de todos mis temores (Salmo 34:4).

Líbrame de toda angustia (Salmo 54:7).

Líbrame de los que me aborrecen (Salmo 69:14).

Líbrame de mis aflicciones (Salmo 107:6).

Envía tu Palabra, y líbrame de la ruina (Salmo 107:20).

Tú has librado mi alma de la muerte, mis ojos de las lágrimas y mis pies de resbalar (Salmo 116:8).

Invoco el nombre de Jesús, y seré liberado (Joel 2:32).

Líbrame del poder del león (Daniel 6:27).

Mediante tu conocimiento seré liberado (Proverbios 11:9).

Mediante tu sabiduría seré liberado (Proverbios 28:26).

Recibo milagros de liberación para mi vida (Daniel 6:27).

ORACIONES PARA PEDIR LIBERACIÓN DEL MAL

Líbrame del mal (Mateo 6:13).

Te pido que me libres del mal (1 Crónicas 4:10).

Ningún mal me tocará (Job 5:19).

Que sean avergonzados quienes me
desean mal (Salmo 40:14).

Que ninguna enfermedad pestilencial se
apodere de mi cuerpo (Salmo 41:8).

No temeré a las malas noticias (Salmo 112:7).

No seré visitado por el mal (Proverbios 19:23).

Contengo mis pies de todo mal camino para
guardar tu Palabra (Salmo 119:101).

Guárdame de todo mal (Salmo 121:7).

Líbrame del hombre malo (Salmo 140:1).

Sana al pueblo de enfermedades, de plagas
y de espíritus malos (Lucas 7:21).

Te pido que me libres del mal (Juan 17:15).

Que los malos espíritus sean echados fuera (Hechos 19:12).

No seré vencido por el mal, sino que venceré
al mal con el bien (Romanos 12:21).

Me visto con la armadura de Dios para
resistir en el día malo (Efesios 6:13).

Anulo todos los planes y las fuerzas del
mal enviadas en contra de mi vida.

Que las obras del mal sean quemadas por tu fuego santo.

Que los hombres se arrepientan del
mal y se vuelvan a la justicia.

Que ningún mal se establezca en mi vida,
sino que se establezca tu justicia.

Me libero de todos los malignos y de toda
atadura maligna de mi alma.

LIBERACIÓN DEL PECADO SEXUAL Y RENUNCIA A ÉL

Renuncio a todo pecado sexual con el que haya
estado involucrado en el pasado, incluyendo
fornicación, masturbación, pornografía, perversión,
fantasía y adulterio, en el nombre de Jesús.

Rompo toda maldición de adulterio, perversión,
fornicación, lujuria, incesto, violación, abuso, ilegitimidad,
promiscuidad y poligamia, en el nombre de Jesús.

Ordeno a todo espíritu de lujuria y perversión que salga
de mi estómago, mis genitales, mis ojos, mi mente, mi
boca, mis manos y mi sangre, en el nombre de Jesús.

Presento mi cuerpo al Señor como un
sacrificio vivo (Romanos 12:1).

Mis miembros son de Cristo y no dejaré que sean
los miembros de una ramera (1 Corintios 6:15).

Desato el fuego de Dios para quemar toda lujuria
impura de mi vida, en el nombre de Jesús.

Rompo todo vínculo impío de mi alma con antiguos
amantes y parejas sexuales, en el nombre de Jesús.

Echo fuera todo espíritu de soledad que me pudiera llevar
a relaciones sexuales impías, en el nombre de Jesús.

Ordeno a todo espíritu hereditario de lujuria que venga
de mis antepasados a que salga, en el nombre de Jesús.

Ordeno a todo espíritu de hechicería que obre con
la lujuria que huya, en el nombre de Jesús.

Tomo autoridad sobre mis pensamientos y ato
a todo espíritu de fantasía y de pensamientos
lujuriosos, en el nombre de Jesús.

Echo fuera a todo espíritu de lujuria
destructora de matrimonios que pueda romper
mi pacto, en el nombre de Jesús.

Echo fuera y me libero de todo cónyuge espiritual y
espíritus de íncubos y súcubos, en el nombre de Jesús.

Echo fuera todo espíritu de perversión,
incluyendo a los espíritus moabitas y amonitas
de lujuria, en el nombre de Jesús.

Recibo un espíritu de santidad en mi vida para caminar
en pureza sexual, en el nombre de Jesús (Romanos 1:4).

Me libero del espíritu de este mundo, de los
deseos de la carne, de los deseos de los ojos y
de la vanagloria de la vida. Venzo al mundo con
el poder del Espíritu Santo (1 Juan 2:16).

Soy crucificado con Cristo y mortifico mis
miembro, no dejo que el pecado reine en mi vida
y no obedezco su lujuria (Romanos 6:6–12).

ORACIONES PARA RECIBIR LIBERACIÓN POR MEDIO DE LOS ÁNGELES

Que tus ángeles asciendan y desciendan
sobre mi vida (Génesis 28:12)

Manda a tus ángeles cerca de mí y guárdame (Salmo 91:11)

Que el ángel del Señor acose al enemigo (Salmo 35:5).

Que el ángel del Señor persiga al enemigo (Salmo 35:6).

Que tus ángeles peleen por mí en los cielos en
contra de los principados (Daniel 10:13).

Que el ángel de tu presencia me salve (Isaías 63:9).

Que tu ángel enderece los caminos
delante de mí (Zacarías 12:8).

Envía delante de mí a tu ángel para
prosperar mi camino (Éxodo 33:2).

Señor, escucha mi voz y envía a tus ángeles
para librarme (Números 20:16).

Manda a tus ángeles a ministrarme (Mateo 4:11).

He venido a Sion, a la compañía de muchos
millares de ángeles (Hebreos 12:22).

Soy heredero de la salvación, manda a tus
ángeles a ministrarme (Hebreos 1:14).

Manda a tus ángeles a librarme de la
mano del enemigo (Mateo 12:11).

Señor, confiésame ante tus santos ángeles (Lucas 12:8).

Envía de noche a tus ángeles a ministrarme (Hechos 27:23).

Envía a tus ángeles a mi encuentro mientras
camino a mi destino (Génesis 32:1).

Manda a tus ángeles para ayudarnos a
alcanzar a los perdidos (Hechos 8:26).

Ordena a tu ejército de ángeles que pelee por
tu Iglesia y la defienda (Salmo 68:17).

Manda a tus ángeles a herir a los demonios
que vengan a destruirme (Salmo 37:36).

ORACIONES EN CONTRA DEL TERRORISMO

Ato y reprendo a toda águila roja de terror que venga
contra mi nación, en el nombre de Jesús (Jeremías 49:22).

No temeré al terror de la noche (Salmo 91:5).

Ato y reprendo a todo terrorista que conspire en
contra de mi nación, en el nombre de Jesús.

Ato y reprendo a todo espíritu de odio y
homicidio que se quiera manifestar mediante
el terrorismo, en el nombre de Jesús.

Ato y reprendo a todo terrorista
religioso, en el nombre de Jesús.

Ato y reprendo a todo demonio de
yihad, en el nombre de Jesús.

Ato y reprendo a todo espíritu del anticristo y de
odio por el cristianismo, en el nombre de Jesús.

Ato todo espíritu de odio hacia mi
país, en el nombre de Jesús.

Ato y reprendo a los terrores de la muerte,
en el nombre de Jesús (Salmo 55:4).

Ato a todo miedo y pánico que venga por medio
del terrorismo, en el nombre de Jesús.

Líbrame del hombre malo y del violento (Salmo 140:1).

Corto las obras de violencia de las manos
de los malvados (Isaías 59:6).

Que toda conspiración de violentos sea
exhibida y arrancada (Salmo 86:14).

Que no haya violencia en mi tierra (Isaías 60:18).

ORACIONES APOSTÓLICAS

Señor, guárdame del mal (Juan 17:15).

Santifícame con tu palabra de verdad (Juan 17:17).

Déjame ser uno con mis hermanos y hermanas para
que el mundo crea que tú me enviaste (Juan 17:21).

El anhelo de mi corazón y mi oración a Dios por
Israel es para salvación (Romanos 10:1).

Tenme por digno de tu llamamiento, y cumple
todo propósito de bondad y toda obra de fe
con tu poder (2 Tesalonicenses 1:11).

Que tu palabra corra libremente en tu
vida (2 Tesalonicenses 3:1).

Dame el espíritu de sabiduría y revelación en
el conocimiento de Jesús (Efesios 1:17).

Alumbra los ojos de mi entendimiento, para que
sepa cuál es la esperanza de mi llamado, y cuáles
las riquezas de la gloria de su herencia en los santos,
y cuál la excelente grandeza de su poder para con
nosotros los que creemos (Efesios 1:17–19).

Fortaléceme en el hombre interior con
tu Espíritu (Efesios 3:16).

Que habite Cristo por la fe en mi corazón, a
fin de que, arraigado y cimentado en amor, sea
plenamente capaz de comprender con todos los
santos cuál es la anchura, la longitud, la profundidad
y la altura de tu amor (Efesios 3:17–18).

Déjame conocer el amor de Cristo, que excede
a todo conocimiento, para que sea lleno de
toda la plenitud de Dios (Efesios 3:19).

Señor, haz todas las cosas mucho más
abundantemente de lo que pida o entienda, según
el poder que actúa en mí (Efesios 3:20).

Que al abrir mi boca me sea dada palabra para dar a
conocer con denuedo el misterio del evangelio (Efesios 6:19).

Que mi amor abunde aun más y más en ciencia
y en todo conocimiento (Filipenses 1:9).

Que apruebe yo lo mejor, a fin de que sea sincero e
irreprensible para el día de Cristo (Filipenses 1:10).

Déjame conocer a Jesús y el poder de su resurrección, y
la participación de sus padecimientos, para que llegue
a ser semejante a Él en su muerte (Filipenses 3:10).

Déjame ser lleno del conocimiento de su voluntad
en toda sabiduría e inteligencia espiritual, para que
ande como es digno del Señor, agradándole en todo,
llevando fruto en toda buena obra, y creciendo en
el conocimiento de Dios (Colosenses 1:9–10).

Fortaléceme con todo poder, conforme a la potencia de tu gloria, para toda paciencia y longanimidad con gozo (Colosenses 1:11).

Hazme estar perfecto y completo en todo lo que Dios quiere (Colosenses 4:12).

Que todo mi ser, espíritu, alma y cuerpo, sea guardado irreprensible para la venida de mi Señor Jesucristo (1 Tesalonicenses 5:23).

Señor, dame siempre paz en toda manera y sé conmigo (2 Tesalonicenses 3:16).

Hago rogativas, oraciones, peticiones y acciones de gracias, por todos los hombres; por los líderes de mi nación y de la Iglesia para que vivamos quieta y reposadamente en toda piedad y honestidad (1 Timoteo 2:1-2).

Gracia y paz me sean multiplicadas a través de la unción apostólica (2 Pedro 1:2).

PARA ATAR Y DESATAR

Tengo las llaves del reino y lo que sea que ate en la tierra es atado en el cielo y lo que desate en la tierra es desatado en el cielo (Mateo 16:19).

Ato a los reyes con grillos y a los nobles con cadenas de hierro (Salmo 149:8).

Ato al fuerte y lo despojo de sus bienes (Mateo 12:29).

Ato a leviatán y a todo espíritu soberbio que venga contra mi vida (Job 41:5).

Ato a los principados, potestades, gobernantes de las tinieblas de este mundo y a la maldad espiritual en lugares altos (Efesios 6:12).

Ato toda dolencia y enfermedad que haya caído sobre mi mente o mi cuerpo.

Que los prisioneros agobiados sean libertados (Salmo 146:7).

Desato a los condenados a muerte (Salmo 102:20).

Suelto las ataduras de mi cuello (Isaías 52:2).

Me suelto de las ataduras de maldad (Isaías 58:6).

Me desato de las ligaduras de Orión (Job 38:31).

Rompo todas mis prisiones (Salmo 116:16).

Desato mi mente, mi voluntad y mis emociones de todo plan y espíritu de las tinieblas, en el nombre de Jesús.

Libero mi ciudad y mi región de todo plan del infierno.

Libero mis finanzas de todo espíritu de pobreza, deuda y carencia.

Me libero de toda maldición generacional y espíritu hereditario (Gálatas 3:13).

Me libero de todo plan de brujería, hechicería y adivinación.

Me libero de toda maldición y palabra negativa hablada en contra de mi vida, en el nombre de Jesús.

PARA DERRAMAR VERGÜENZA SOBRE EL ENEMIGO

Que se avergüence y se turbe mucho el enemigo, que se vuelva y sea avergonzado de repente (Salmo 6:10).

Hazme señal para bien y que la vean quienes me aborrecen y sean avergonzados (Salmo 86:17).

Avergüenza y confunde los que buscan mi vida (Salmo 35:4).

Que se vistan de vergüenza los que de mi mal se alegran (Salmo 35:26).

Esparce sus huesos y avergüénzalos (Salmo 53:5).

Sean avergonzados y confundidos los que buscan mi vida, que sean vueltos atrás y avergonzados los que mi mal desean (Salmo 70:2).

Llena sus rostros de vergüenza (Salmo 83:16).

Que todos los que contra ti se enardecen sean avergonzados (Isaías 45:24).

Que quienes se levanten en mi contra sean
avergonzados (Salmo 109:28).

Que los espíritus soberbios sean
avergonzados (Salmo 119:78).

ORACIONES POR LAS ALMAS

Todas las almas son tuyas, oh Señor (Ezequiel 18:4).

Señor, tú eres el pastor y el obispo de mi
alma, cuídala y guárdala (1 Pedro 2:25).

Recibo con mansedumbre la palabra implantada
que puede salvar mi alma (Santiago 1:21).

Ato al cazador de almas (Ezequiel 13:20).

Con paciencia ganaré mi alma (Lucas 21:19).

Ato y rasgo toda venda usada para cazar
almas y hacerlas volar (Ezequiel 13:20).

Ordeno que sean liberadas las almas cazadas
por el enemigo (Ezequiel 13:20).

Libero a las almas de la adivinación y
la brujería (Ezequiel 13:23).

Regresa, oh Señor, y libra mi alma (Salmo 6:4).

No dejes que el enemigo persiga mi alma (Salmo 7:5).

Señor, restaura mi alma (Salmo 23:3).

Guarda mi alma y líbrame (Salmo 25:20).

Avergüenza a quienes buscan mi alma (Salmo 35:4).

Rescata mi alma de la destrucción (Salmo 35:17).

Que quienes buscan mi alma sean avergonzados
y confundidos (Salmo 40:14).

Líbrame de los opresores que buscan mi alma (Salmo 54:3).

Señor, tú has librado mi alma de la muerte
y mis pies de tropezar (Salmo 56:13).

Guarda mi alma, porque soy santo (Salmo 86:2).

Alegra mi alma, porque a ti la levanto (Salmo 86:4).

tus consolaciones alegran mi alma (Salmo 94:19).

Rompo el poder de toda palabra negativa dicha
en contra de mi alma (Salmo 109:20).

Vuelve, oh alma mía a tu reposo (Salmo 116:7).

Viva mi alma y te alabe (Salmo 119:175).

Mi alma escapa como ave al lazo de
los cazadores (Salmo 124:7).

Fortaléceme con vigor en mi alma (Salmo 138:3).

Destruye a todos los adversarios de mi alma (Salmo 143:12).

Que tu temor venga a toda persona
de mi ciudad (Hechos 2:43).

Seré prosperado en todas las cosas y que tenga
salud así como prospera mi alma (3 Juan 1:2).

Pido que mi alma sea guardada irreprensible para
la venida del Señor (1 Tesalonicenses 5:23).

Satisface mi alma con abundancia (Jeremías 31:14).

Mi alma se alegrará en mi Dios, me has vestido
con vestiduras de salvación y me has rodeado
de manto de justicia (Isaías 61:10).

Rompo todo vínculo impío en mi alma y oro
por vínculos que agraden a Dios y traigan
bendición a mi vida (1 Samuel 18:1).

Libero mi alma de todo juramento, voto interno y
maldición que la ate, en el nombre de Jesús.

ORACIONES POR SU NACIÓN

Oro porque los líderes de mi nación
vengan a la luz (Isaías 60:3).

Hago rogativas, oraciones, peticiones y acciones
de gracias, por todos en mi país y sus líderes,
para que vivamos quieta y reposadamente en
toda piedad y honestidad (1 Timoteo 2:1–2).

Que nuestros líderes sean justos y gobiernen
en el temor de Dios (2 Samuel 23:3).

Que nuestros líderes se postren delante del Señor
y que mi nación le sirva (Salmo 72:11).

Que los pobres y necesitados de mi nación
sean librados (Salmo 72:12–13).

Que el dominio del Señor se establezca en mi nación
y que sus enemigos laman el polvo (Salmo 72:8–9).

Inclina los corazones de nuestros líderes
para que te teman (Proverbios 21:1).

Que el Señor gobierne sobre mi nación y que mi
país se regocije y se alegre (Salmo 97:1).

Que mi nación cante un cántico nuevo, que bendiga su
nombre y anuncie su salvación de día en día (Salmo 96:1–3).

Que la gente de mi nación tiemble ante la
presencia del Señor (Salmo 99:1).

Que mi nación dé un grito de júbilo ante el Señor
y que le sirvan con regocijo (Salmo 110:1–2).

Que nuestros líderes te alaben y déjalos escuchar
las palabras de tu boca (Salmo 138:4).

Que los malvados sean desarraigados de
nuestra tierra (Proverbios 2:22).

Que los malvados sean cortados y se sequen
como la hierba fresca (Salmo 37:2).

Que todos en mi nación se vuelvan al
Señor y lo alaben (Salmo 22:27).

Mi nación, su plenitud y los que en ella
habitan son del Señor (Salmo 24:1).

Que todos los idólatras de mi nación sean confundidos
y que todos los dioses alaben al Señor (Salmo 97:7).

Que mi nación alabe al Señor por su
misericordia y su verdad (Salmo 117).

Salva a mi nación, oh Señor, y manda
prosperidad (Salmo 118:25).

Que mi nación se someta al dominio y
al Reino de Cristo (Daniel 7:14).

Oro por que mi nación lleve su riqueza
al Reino (Apocalipsis 21:24).

Oro por que mi nación sea convertida y
lleve su riqueza al Rey (Isaías 60:5).

Oro por que mi nación sea sanada con las hojas
del árbol de la vida (Apocalipsis 22:2).

Oro por que mi nación publique las
alabanzas del Señor (Isaías 60:6).

Oro por que mi nación vea la gloria de Dios
(Isaías 35:2).

Que los sordos escuchen las palabras del libro y que
los ciegos vean en la oscuridad (Isaías 29:18).

Oro por que Jesús gobierne sobre mi nación
en juicio y justicia (Isaías 32:1).

Oro porque mi país venga a Sion y sea enseñado, que
no se adiestre más para la guerra (Isaías 2:1–4).

Oro pidiendo que mi nación busque al Señor
y entre en su reposo (Isaías 11:1).

Oro porque los desiertos se vuelvan estanques y que en
la sequedad haya manantiales de agua (Isaías 35:7).

Oro por que la gloria del Señor le sea revelada a mi
nación y que todos los habitantes la vean (Isaías 40:5).

Que el Señor traiga justicia y juicio a mi nación
(Isaías 42:1).

Pido al Señor que haga algo nuevo en mi nación, derramando agua en el la soledad y corrientes en el desierto (Isaías 43:19–20).

Que la paz (shalom) venga a mi nación como un río (Isaías 66:12).

Que mi nación sea rociada con la sangre de Jesús (Isaías 52:12).

Que los niños de mi nación sean enseñados en el Señor (Isaías 54:13).

Oro por que mi nación busque y encuentre al Señor (Isaías 65:1).

Que mi nación sea llena con sacerdotes y levitas que alaben al Señor (Isaías 66:21).

Que la gente de mi nación venga y alabe al Señor (Isaías 66:23).

Que la gente construya casas y las habite (Isaías 65:21).

Que mi pueblo plante viñas y coma de sus frutos (Isaías 65:21).

Que mi pueblo disfrute el trabajo de sus manos (Isaías 65:22).

Que los enemigos en mi tierra se reconcilien (Isaías 65:25).

Que mi nación sea llena del conocimiento de la gloria del Señor (Habacuc 2:14).

Que mi nación sea salva y camine en la luz de Sion (Apocalipsis 21:24).

Que Dios sea misericordioso con nosotros y nos bendiga y haga resplandecer su rostro sobre nosotros. Que sea conocido para nuestra nación su camino y su salvación (Salmo 67:1–2).

Que todo pacto con la muerte y con el infierno sea roto en nuestra nación (Isaías 28:18).

Que mi nación se vuelva al Señor y sea salva
(Isaías 45:22).

Que el Señor desnude su santo brazo y que mi
nación vea la salvación del Señor (Isaías 52:10).

Que todo velo que envuelva a mi nación
sea destruido (Isaías 25:7).

Mi nación es la herencia del Señor, que
Él la posea (Salmo 2:7–8).

El Reino es del Señor y Él gobierna
en mi nación (Salmo 22:28).

Que quienes caminan en la oscuridad en mi
nación vean la luz y que tu luz brille sobre los
que están en las tinieblas (Isaías 9:2).

Que su imperio y su paz (shalom) no tengan
límite en mi nación (Isaías 9:7).

Que su juicio y su justicia se incrementen
en mi nación (Romanos 14:17).

Que la justicia venga a mi nación para que
sea exaltada (Proverbios 14:34).

Que su Espíritu se derrame en mi nación y que
nuestros hijos e hijas profeticen (Hechos 2:17–18).

Te confesaré, Señor, entre mi gente y
cantaré tu nombre (Salmo 22:22).

Que tu gloria se declare entre mi pueblo y tus
maravillas en mi nación (Salmo 96:20).

Que el Señor nos abra la puerta para la Palabra y
que la gente escuche tu Palabra (Colosenses 4:3).

Oro porque las familias de mi pueblo sean bendecidas
en Jesucristo (Génesis 28:14, Gálatas 3:14).

Oro porque las aguas de sanidad fluyan
en mi nación (Ezequiel 47:9).

JOHN ECKHARDT

Para vivir la Palabra

www.casacreacion.com

Te invitamos a que visites nuestra página
web donde podrás apreciar la pasión por
la publicación de libros y Biblias:

www.casacreacion.com

f @CASACREACION

@CASACREACION

@CASACREACION

Para vivir la Palabra